高校初等教育专业人才培养与开放教育系列教材

主　编 ◎ 凌　娟
副主编 ◎ 康　璐
　　　　范胜华

中小学语文说课与评课技能实训教程

西南交通大学出版社
·成　都·

图书在版编目（CIP）数据

中小学语文说课与评课技能实训教程 / 凌娟主编.
成都：西南交通大学出版社，2025.4. -- ISBN 978-7
-5774-0395-3

Ⅰ.G633.302

中国国家版本馆 CIP 数据核字第 2025HQ2961 号

Zhongxiaoxue Yuwen Shuoke yu Pingke Jineng Shixun Jiaocheng
中小学语文说课与评课技能实训教程

主　编／凌　娟	策划编辑／梁　红
	责任编辑／周媛媛
	责任校对／左凌涛
	封面设计／墨创文化

西南交通大学出版社出版发行
（四川省成都市金牛区二环路北一段 111 号西南交通大学创新大厦 21 楼　610031）
营销部电话：028-87600564　　　028-87600533
网址：https://www.xnjdcbs.com
印刷：郫县犀浦印刷厂

成品尺寸　185 mm×260 mm
印张　14.75　　字数　286 千
版次　2025 年 4 月第 1 版　　印次　2025 年 4 月第 1 次

书号　ISBN 978-7-5774-0395-3
定价　68.00 元

图书如有印装质量问题　本社负责退换
版权所有　盗版必究　举报电话：028-87600562

前言

PREFACE

在中小学语文教学领域，说课与评课是教师专业成长过程中的关键环节。说课不仅要求教师对教材内容深入理解，还需要将教学设计融入学生的实际情况，以引发学生的学习兴趣，激发他们的学习动力。而评课则需要教师具备敏锐的观察力和批判性思维，能够客观准确地分析课堂教学情况，为教学改进提供有力的依据。

目前，许多高等师范院校都开设了中小学语文说课与评课的课程，说明该课程具有非常重要的价值。鉴于此，我们配合学校"本科学历＋职业能力"人才培养模式创新实验区改革的宗旨，并结合汉语言文学师范专业应用型人才的培养目标，根据当前教学计划中师范技能实训课程（如语文说课、语文评课等）增加，但又缺乏相应的实训课程配合进行训练的状况，我们以2022年4月修订的《义务教育语文课程标准》和2017年出版、2020年修订的《普通高中语文课程标准》（即全书所称"新课标"）为基准，编写了这本《中小学语文说课与评课技能实训教程》。

本教程内容丰富，融入教师资格语文面试考试的最新内容，并结合实际案例，系统介绍了中小学语文说课与评课的基本理论、方法和技巧。通过分析不同年级、不同教材内容的案例，教师可以深入了解如何根据教材特点和学生需求进行灵活的教学设计，如何在教学过程中引导学生积极参与，如何运用多种教学手段提高教学效果。同时，本教程重点探讨教学评价的重要性，介绍多种评价工具和方法，帮助教师准确把握学生的学习状况，及时调整教学策略，促进教育教学的优化。

本教程重视理论与实践的结合，不仅有理论的传递，还强调教师在课堂中的实际操作。因此，在体例安排上，主要分为语文说课和评课两大部分，每一部分又分为理论和案例两个主要内容，理论与案例并重，理论带案例，案例带实训。特别是在案例选择时，主要以义务教育九个年级的教材为主，并选入了部分高中教材的内容，贯通了中小学语

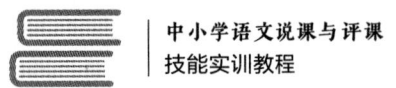

文教材,这也体现了"课程标准"一以贯之的精神,旨在帮助教师将所学知识真正应用到教学实践中去。

本教程上编的第三章、第四章、第五章、第六章、第七章和下编的第一章、第二章、第三章由西昌学院凌娟编写,上编的第一章、第二章、第八章、第九章和下编的第六章由西昌学院康璐编写,下篇的第四章、第五章由西昌市第四小学范胜华编写,全书由凌娟负责统稿,同时该教程由西昌学院资助出版。

本教程在编写过程中,汲取了众多优秀教师的经验,结合了最新的语文教育理论与实践,同时也参考了大量文献资料及互联网相关内容,也援引、借鉴、改编了大量已有的例文。在此,对相关作者表示感谢,同时因未能及时与原作者一一联系而致歉。

由于水平有限,错误在所难免,敬请各位同仁专家和读者批评、指正,我们一定会虚心听取意见,不断修订,使之更为完善。

编　者

2025年1月

目录

CONTENTS

上编 语文说课

第一章 语文说课概述 ... **002**

第一节 说课的概念、特点及意义 ... 002

第二节 语文说课与其他教学活动的关系 ... 007

第三节 语文说课应该遵循的原则 ... 010

第四节 语文说课的要求及应该注意的问题 ... 012

第二章 语文说课前的准备 ... **014**

第一节 认真研读教材 ... 014

第二节 明确说课的目标及思路 ... 015

第三节 写好说课稿 ... 016

第四节 做好说课前的演练 ... 019

第三章 语文说课的内容 ... **020**

第一节 说教材 ... 020

第二节 说学情 ... 022

第三节 说教学方法 ... 023

第四节 说教学过程 ... 026

第五节 说教学反思 ... 027

第四章 语文说课的类型 ... **029**

第一节 按语文学科的知识结构来分 ... 029

第二节 按语文说课的目的来分 ... 034

第三节 按语文教学的时序来分 ... 038

第五章　语文说课的技巧 042

第一节　语文说课技巧的概述 042
第二节　语文说课的语言技巧 044
第三节　语文说课的心理技巧 047

第六章　语文说课的评价 051

第一节　语文说课评价的概述 051
第二节　语文说课评价的原则 054
第三节　语文说课评价的内容 058
第四节　语文说课评价的方法 061
第五节　语文说课评价的实施和管理 063

第七章　语文说课的艺术风格 068

第一节　语文说课艺术风格的特点 068
第二节　语文说课艺术风格的类型 069

第八章　语文说课案例 072

【案例一】小说说课案例 072
【案例二】诗歌说课案例 075
【案例三】散文说课案例 079
【案例四】戏剧说课案例 083
【案例五】文言文说课案例 087
【案例六】作文说课案例 092

第九章　语文说课技能实训 096

【实训一】小说说课实训 096
【实训二】诗歌说课实训 100
【实训三】散文说课实训 101
【实训四】戏剧说课实训 103

【实训五】文言文说课实训……………………………………………………… 106
【实训六】作文课说课实训…………………………………………………… 107
【实训七】说课片段实训………………………………………………………… 108

下编　语文评课

第一章　语文评课概述…………………………………………………………… **112**

第一节　语文评课的概念及特点……………………………………………… 112

第二节　语文评课的目的及意义……………………………………………… 114

第三节　语文评课的原则及标准……………………………………………… 116

第二章　语文评课前的准备……………………………………………………… **140**

第一节　熟悉教材内容，钻研教法…………………………………………… 140

第二节　认真听课，做好记录………………………………………………… 140

第三节　进行整理和归纳……………………………………………………… 141

第四节　保持良好的心态……………………………………………………… 142

第三章　语文评课的内容………………………………………………………… **143**

第一节　评教学目标及教学思想……………………………………………… 143

第二节　评教材处理…………………………………………………………… 148

第三节　评教学过程及课堂教学结构………………………………………… 151

第四节　评教法及学法………………………………………………………… 155

第五节　评教学素养…………………………………………………………… 158

第六节　评学生主动性及参与度……………………………………………… 162

第七节　评多媒体的运用……………………………………………………… 163

第八节　评教学实效性………………………………………………………… 165

第四章　语文评课的形式 … 168

第一节　集中讨论式 … 168
第二节　书面评议式 … 169
第三节　学生评议式 … 170
第四节　个别交谈式 … 170
第五节　自我剖析式 … 171

第五章　语文评课案例 … 172

【案例一】小说评课案例 … 172
【案例二】诗歌评课案例 … 176
【案例三】散文评课案例 … 179
【案例四】文言文评课案例 … 183
【案例五】作文评课案例 … 189

第六章　语文评课技能实训 … 194

【实训一】小说评课实训 … 194
【实训二】诗歌评课实训 … 197
【实训三】散文评课实训 … 200
【实训四】戏剧评课实训 … 205
【实训五】文言文评课实训 … 211
【实训六】作文评课实训 … 216
【实训七】评课片段实训 … 221

参考文献 … 226

上编

语文说课

第一章　语文说课概述

说课是起源于中国的特色教研活动，是促进教师成长、课程建设和教学理论建设的有效手段。面对当前教学新理念、新内容、新环境的冲击，教师必须在挑战和压力中不断提升自身的专业能力。好的说课能把理论和实践有机地结合起来，推动教师进一步理解和掌握教育理论，提升课堂教学质量，推进教育改革。

第一节　说课的概念、特点及意义

一、说课的概念

（一）说课产生的历史背景

说课起源于授课，作为一种教学、教研的改革手段，最早是由河南省新乡市红旗区教研室于 1987 年提出来的。当时，红旗区教研室开展了一场教坛新秀评比活动，时值期末，教研室决定让参赛老师讲述自己的教学设计全过程，以"说"代替听课，意外发现此方法也一样能客观真实地反映出教师们的理论水平和专业技能。此后，新乡市红旗区教研室对说课活动进行了一系列探索和推广。

1991 年 7 月 20 日《中国教育报》上报道了说课活动。1992 年中央教科所把它作为一项科研成果在全国推广，成立"全国说课研究协作会"，并对说课活动进行了全方位的研讨。1994 年，新乡市红旗区总结说课经验编写了全国说课研究的第一本著作《说课探索》。1996 年，戴汝潜的说课专著《说课论》出版。为了提高教师素质，解决教学实际问题，伴随着中小学教师和教育专家在说课理论与实践研究方面的丰富和发展，说课活动逐渐遍及全国，说课理念也不断深入人心。当前，说课已被广泛运用在教师的考核、评价及教研活动中，成为各级各类学校提高教育教学服务质量的重要手段。

（二）说课的定义

进入新时代，社会要求教师由传统的"教书匠"转变为专家学者型、研究型人才，而"说课"是广大教师参加教育科研最普遍、最容易、最简单的形式。

对于说课的定义，一直以来没有一个统一的标准。戴汝潜在《说课论》中认为："说课是指教师述说授课的教学目标、教学设计、教学效果及其理论依据的教学研究活动。"[①]20世纪90年代，这种关于说课的定义方法曾经得到过广泛意义上的认同，但是这种定义方式不够具体，而且只指针对教师说课。在日常的说课活动中，说课的发出者既有可能是教师，也有可能是师范生或者参与说课面试的非教师人群。随着说课活动的普及，关于说课的概念有了更多的说法，不同学者对其有不同解读。

部分学者认为说课是在教师备课基础上，利用口头表述的方式概括地向同行或者专家阐述对自己即将要上的或已经上过的一节课的教学理念和（预设的）教学过程的教学行为。也有学者认为，说课是以说者和听者为主体，以说教的课程和教材为客体，以语言表述为中介，以一定的教学理论为基础，对同行专家或教育部门领导诉说自己的教学行为和教学设计并进行反思交流的活动。虽然说法各有不同，但核心内容是一致的。

由此，我们可以认为，所谓说课，就是教师在充分备课的基础上，以教育教学理论为根据，通过口头语言表述的形式向同行介绍教学设计和教育理念，共同探讨教学优化策略的一个过程。它对提高教师的教学能力、促进教学理论发展、推动新时代课程改革具有重要意义。

说课活动一般由解说和评说两部分构成，解说分为课前解说和课后解说，评说分为自我评价和他人评价。由于说课的目的不同，说课可以课前说，也可以课后说。课前说课体现的是对课堂的预估，侧重于理论认识与教学预设，主要关注教学设计中的思想方法、策略手段，按照"教什么""怎样教""为什么教"的思路展开。课后说课是根据备课内容，进行实际教学，通过课堂反馈，总结优势和不足，思考改进之处。它侧重于从实践效果的角度分析预设与生成，按照"效果怎么样""为什么会如此""如何改进"的思路展开，主要关注实际教学效果的探讨和反思。

在语文课程中，备课、说课、讲课、听课、评课五个环节互为补充。就说课而言，备课是说课的基础，讲课是说课的检验，听课是说课的手段，评课是说课的延伸。它们都是围绕同一个教学课题，对课堂教学展开的探索。说课与备课都是根据先进的教学理论，以研究课程标准为基础对教材进行深入剖析，二者都要求教师要充分了解学情，并

---

① 戴汝潜：《说课论》，科学技术出版社1996年版。

选用合适的教学方法，精心设计教学过程。但是说课与备课又有根本的差异，一个属于教研活动，一个属于教学活动。说课研究教学问题和学生的学情要比备课更深入，它是备课的延续，主要阐明"为什么这样做"。备课是要把结果展示给学生，所以对象是学生。而说课的对象却是其他教师，可能是同一教研室中互相切磋的教师，也可能是教学展示时面对的专家学者等。同样，说课也不同于讲课。讲课是教师真实的课堂教学实践，主要解决"教什么""怎么教"的问题，它是课堂上教师与学生之间的双边互动。

说课是课堂外在同行之间进行的教研活动，它不受空间限制，不会干扰正常教学，因而开展起来更加灵活。教师通过教学获取相关的信息资源，同行之间通过课堂实际听课，判断教学中现存的问题和预估可能存在的问题，通过自评、互评来传授经验，解决问题。在教学中，正确处理教学各环节之间的关系是非常有必要的。

二、说课的特点

（一）科学性

说课是教师认识教学规律的过程，不仅要说明"教什么""怎么教"，还要说明"为什么这样教"。这就迫使教师去学习教学理论，认真思考教学的方方面面。说课需要从理性上审视教材，符合课型特点和学科特点，这既是备课过程的体现，又是对上课的预测和预演。因此，授课教师必须在充分了解教学任务和学情的基础上，正确运用教学思想理论，合理安排教学过程。

（二）易操作性

说课是一种简单易懂的带有普遍意义的教研活动，其内容及要求十分明确、具体，包括说教材、说学情、说教学目标、说教学重难点、说教学方法、说教学过程、说板书设计等几个方面。它不受时间、空间、人数的限制，也不受教学进度的限制，具有灵活性，能很好地解决教学与教研、理论与实践相脱节的矛盾。

（三）预见性

说课前要客观、准确地分析学生情况，对所教学生的知识技能、兴趣爱好、学习能力、学习态度、学习方法等方面进行分析，为采取相应的教学对策提供可靠的依据。不仅要讲出教师如何教，还要说出学生如何学。因此，说课时尽可能地预见到可能出现的有利或不利因素，把自己的教学思路及设想表达出来，同时要设想教学活动中可能发生的问题，预先想出相应的对策。

（四）交流性

说课是一种集思广益的活动，教师通过构思、准备和说课过程锻炼自己的教学技能，说课结束后也可以通过同事和专家的点评使自己的认识水平和操作能力得到提高。在评议说课中，大家切磋教艺，彼此进行意见交流，探讨教学方法，能够提高教研活动的实效性。

三、语文说课活动

由于说课活动的简便易行，自其出现后很快便在各学科盛行。高校通过说课培养师范生的教师职业技能，考察教师的教学水平，进行教师间的教学交流，并通过考察说课水平招聘教师。说课已成为语文学科教学交流的主要方式、提高教学水平的主要手段、教师聘任的常用方法，它增强了教学研究的功能，提高了教研活动的质量。

在语文说课活动中，我们要注重"工具性与人文性的统一"，注重"新课标"理念思想的体现，注重知识能力的培养与情感的升华。无论是小学还是中学教师，无论任教哪一个年级，面对每一篇课文时都要从整体上把握内容、主旨，在说课时必须充分发挥语文课程与教材的育人功能，实现语文课程与教材在促进人的全面发展方面的价值追求。同时说课还需要结合教育理论知识，从局部的细微之处入手，在实践中引导学生通过语文学习认识社会、认识自我，培养正确的世界观、人生观和价值观。

四、语文说课的意义

（一）促进教学研究

传统的教研活动形式不外乎观摩课、示范课或专题讲座等，这些模式在提升教师职业技能方面都有一定的帮助，但是常常受到时间、场所、人数和师资条件的制约。相较而言说课的限制少，无论规模大小，无论时间长短，都可以开展，其形式灵活机动，方法也十分简便。在集体教学研究活动中，说课为教师们进行教学研究提供了交流、切磋的平台，他们的教学思想可以在说课过程中充分得到体现。通过说课，语文教师们可以相互交流，从同行们对自己的评价中获得反馈信息，及时调整自己的教学，提升说课水平，提高教学能力。

说课教师在"说"之前需要仔细琢磨如何设计教学，如何选择教学形式和方法，参与教研的教师与说课教师一同查找教学中存在的问题，思考如何改进和优化教学。新时代对人才提出了新要求，2015年联合国教科文组织通过《反思教育，向全球共同利益的理念转变》重申人文主义教育观，提出"教育作为全球共同利益"的愿景，强调站在"全人"的视角"培养世界公民所必需的基础素养"。党的二十大报告提出，必须坚持科技是第一生产力、人才是第一资源、创新是第一动力。要深入实施科教兴国战略、人才强国战略、创新驱动发展战略。

新时代语文教研活动应以促进学生核心素养，解决教育教学中的实际问题，促进教师的专业成长与发展为基本点，构建开放的、多元的、整体推进的特色教研活动。教研活动的目的就是提高群体教学能力，推动建设高质量教育发展体系，进而提高教学质量。在说课活动中，教师既是教学的实施者，又是教学的研究者，研究的对象既是自己也是所有教学工作者，研究的目的是改进教学。

中小学语文教学的理论所涉及和研究的对象，既包括教材、教法、性质、意义、原则、规律等学科知识内容，又涵盖了教育学、心理学等方面。随着说课活动的兴起，中小学语文教学理论也在不断辐射传播，更多的教师在这样的活动中明白了语文课堂"教什么""怎样教"以及"为什么这样教"。

（二）提高教师素质

说课面对的是同行专家，是"懂行"的人，说课活动的方方面面都需要教师用心研磨，在备课时需要认真学习和掌握中小学语文教学的有关理论，努力钻研教材，所以它促使教师自觉主动地提高自身的业务素质。说课不受时间、地点、人数、师资条件的限制，可以根据需要，随时开讲，全员参与。

听课的教师也不是毫无准备，需要具备一定的教学理论知识，在听的过程中也要积极思考。这样就把"教"和"研"紧密地结合起来，使教研活动的所有参与者都能得到提高。"新课标"要求教师应有进步的教育思想和教育观念，确保能够按照课程标准所要求的理念组织教学。

说课活动是教师口头表达能力、板书能力、教学设计能力等一系列必备技能的综合反映，要想说好一堂课，就必须自觉、主动、深入地去学习理论知识、钻研教材、琢磨教法学法。说课活动不仅有利于说课教师的成长，也有利于参加活动的教师获取经验。

在准备说课前，教师一方面是课堂教学的实施者、知识的传递者，要以成年人的思维来安排课堂教学的各环节；另一方面，教师又要用学生的思维来感受课堂，与学生以相同的"学习者"身份来参与教学，遵循学生年龄、心理和认知规律，注重师生平等对话。

作为新时代的教师，应该主动顺应时代发展要求，提高自身的知识储备，利用说课等教研活动，促进同行间的相互学习，保持终身学习的精神，明确自己的不足，找到提升点，提升自己的专业素养。

（三）改善教学质量

教学质量是对教育水平高低和效果优劣的评价，是教育改革追求的终极目的之一。教师对教材的处理，课堂教学中体现的教学基本功，以及教学方法的使用，都会影响教学质量。

说课要解决"是什么""为什么""怎样做""怎样做好"的问题，它针对的并不是某一堂课、某一个班级、某一位教师，它是从教学的各个步骤去思考如何培养人才，将教学现象上升到理性的高度去加以认识和总结，帮助教师提升教学能力，强化教学管理，改进教学方式，从而提高教学质量。

有人说，说课就是一场"演习"，教师依据自身所掌握的教学理论知识，教材、课标、考试大纲的要求以及对学生学情的有效分析，设计出一场课堂预演活动。虽然听课者是同行，但是说课者却需要通过对教学设计生动而形象的展示，在学生已掌握的知识基础和成长发展需要的基础上，对课堂中可能会出现的结果进行预测，力求取得最佳的教学展示效果。

在长期的说课练习中，教师钻研教育理论的积极性不断增强，能更好地适应新课改的要求，推动课堂教学的科学性与实践性更恰当地融合在一起，从长远来看有利于中小学语文教学质量的提高。

第二节　语文说课与其他教学活动的关系

说课同其他教学活动一样，涉及教学目标、教学过程、教学方式方法等诸多方面的内容，能反映教师语言、教态、板书等教学基本功，展示出教师的课堂教学艺术。

备课、上课、评课和说课都是教师教学技能的体现，相互之间既有联系又有区别，研究它们的关系，可以增强教师设计和组织教学活动的目的性、科学性，帮助教师进一步理解教学活动诸因素的关系，提升课堂教学效果。

一、说课与备课的关系

说课与备课的主要内容、方法是一致的,两者都是执教者模拟课堂教学而进行的活动,需要花费一定的时间和精力来研究课程标准、深入剖析教材、确定教学目标、充分了解学情,并结合先进的教学理念,选择并确定合适的教学方法,精心设计最优化的教学过程,以达到理想的教学效果。但是说课与备课又有根本的差异,它们的对象、目的和内容都不同。

从对象来说,说课的对象主要为教师同行,说课活动带有一定的经验介绍和交流性质,在沟通过程中参照语文课程论、心理学、教育学等理论依据对教学设计进行说明,对设计意图进行补充,因此对教师的理论要求较高。而备课则是面向学生,教师需要转变角色,从学生的角度出发来看待课堂,通俗易懂地向学生传授知识,并不需要教师向学生讲解教育学、心理学等理论知识。

从目的来说,虽然说课和备课都是为了上好一堂课,但是备课的主要目的在于促使执教者设计优质科学的教案,促进师生双边活动,提高课堂教学质量。教案是教师在备课时对复杂思维过程的总结,也是对教学具体过程的布置安排,是教师备课结果的记录。而说课并不是简单的复述教案,它的重点在于说清"为什么要这样教",需要结合相对固定的结构、科学凝练的语言加以表述,把教师的隐性思维活动变为显性过程,它的最终目的是促进教师业务素质的提高。

从内容来说,说课和备课都离不开教材,但它们的侧重点是截然不同的。备课是对课堂教学的主观设计,着重研究解决"教什么、如何教"的问题;说课是对备课的延续,除了要研究"教什么、如何教"的问题外,更重要的是从理论和实践的结合上具体阐述"我为什么要这样教"。例如,在人教版七年级下册《老王》一课中,备课的重点在于如何通过教师的讲解引导学生理解"我"与"老王"这两个人物形象,去感受生活中的"爱"。但是说课的重点在于理论联系实际,依据学科特点和教育理论,教师要思考怎样通过语言变化将听者带到自己的教学课堂,思考教学目标和教学环节的安排是否合情合理,学生是否能通过教师的引导实现"新课标"所要求的"关注人类,关注身边人"。说课是由教师讲述,再经过专家、同行等的评价,对该教案中的不足给予指正,最终达到优化教案的目的的过程。因此通过说课活动,教师对教学内容、方法等方面会进行更为深入的思考,从而进一步提高教师备课的质量。

二、说课与上课的关系

备课是对课堂教学进行的方案设计，说课是对教学方案的探究说明，上课是对教学方案的课堂实施，因此备课是说课的基础，上课是说课的检验，而说课又可以为备好课、上好课服务，它们之间是一个相互关联的过程。

实际教学中，有些教师错将说课看作再现上课的过程，把讲给学生的东西照搬给现场的专家、同行们听，这其实是混淆了说课与上课的区别。无论是课前说课还是课后说课，"说"的都是教师的教学思路和对课堂的思考判断，重在阐述、说明。上课是教师与学生互动的双边过程，目的是将书本知识转化为学生知识，进而促进学生的成长发展，培养德智体美劳全面发展的社会主义建设者和接班人。

就实施的难度而言，说课不受场地、人数、教学进度等的限制，比上课更具有灵活性。而且上课比说课多了一个不易驾驭的学生因素，学生是教学的主体，不是被动接受灌输的听众，他们可以随时参与课堂，课堂的效果也与他们的参与程度有很大关系。教师在上课时，必须时刻注意学生的情况，充分调动学生学习的积极性，机智处理教与学中的矛盾，而说课更多的是对课堂情况的设想。

三、说课与评课的关系

评课是在听课结束后，对执教者和学生在课堂教学中的活动以及由此所引起的变化所作的分析和评估。评课的形式丰富多彩，利用评课，可以促进同事之间互相学习，也可以检查教师的教学效果。

2022年山东卫视推出了一档大语文公开课节目《超级语文课》，现场由三位文化学者和三十位学生组成听课团，聆听教师讲课。每位教师结束授课后，专家学者对课堂提出一定的建议，授课教师反思自己的教学，听课的学生们会根据自己在课堂上的所思所得来评价课堂，这样的评课方式有利于教师从多渠道获取信息，不断提高教学水平，改进教学实践，及时调整自己的课堂节奏。

总的说来，评课主要是他人对任课教师课堂行为作出的分析与评判，说课则是教师行为的自我分析。说课结束后，参与者可以根据说课内容与教师的表现，诊断教学中可能存在的问题，并针对这些问题，通过互相评说、学习、传授经验，使这些问题得以解决。

四、说课与其他教研活动的关系

说课的提出和实施丰富了教研活动的内容和形式，说课与示范课、研讨课、教学竞赛、课题研究、校本教研等活动有着密切的关系。

它们各有优势，在日常的教研活动中，需要将每一次的活动落到实处，增强教研活动的深度，真正将"教"与"研"结合在一起，努力打造学习型、研究型的教学团队，提高教师的素质。

第三节　语文说课应该遵循的原则

语文说课应遵循以下四个方面的原则：科学性原则、创新性原则、反思性原则和理论与实践相结合原则。

一、科学性原则

在说课过程中，必须保证其内容和过程的科学性。教师要熟悉教材，领会课程标准的精神，对每节课的教学重点、难点做到心中有数，按照学科知识内在的基本逻辑顺序组织教学。在对学生的情况进行分析时，需要准确把握学生原有的认知基础，判断学生的生理、心理水平与学习内容是否符合，要做到因材施教，尊重学生的个体差异。

教学时要注重知识点的前后联系，利用多媒体进行直观教学，多设计问题情境，让学生参与其中，及时进行反馈练习，突出学生在学习过程中的主体地位。教师是课堂的组织者，也是学生学习的引导者和规范者，对于确定的教材和学生，选择不同的教学方法，会产生不同的教学效果。

因此，在说课时要从多角度观察、多方面思考，要与现代教育理论、现代教育技术、师资培训等恰当地融合，建构科学的、完整的说课理论体系和方法体系。教师必须重视每一次说课，教学的安排要科学合理，教师的语言表达要准确无误，努力营造生动活泼、轻松愉快的教学氛围，建立和谐的师生关系。

二、创新性原则

习近平总书记指出,"创新是一个民族进步的灵魂,是一个国家兴旺发达的不竭动力,也是中华民族最深沉的民族禀赋。"[①] 时代在进步,社会在发展,人们的观念在不断更新,培养人才的方式方法也需要不断创新,教师需要探索出新的教学思路和方法,提高学生的综合素质,建设和谐的教育生态圈。

说课自诞生以来,虽然已经形成了一套从理论到操作的较为完整的体系,但是面对时代的要求,教师必须走上创新之路,对原有理论体系、思维方式及研究方法进行突破和更新完善。

中国科学院院士吴有训先生曾说:"凡能独立工作的人,一定能对自己的工作开辟一条新的路线。"[②] 在当前科技高速发展的形势下,语文说课活动必须根据新的情况调整研究方向,必须以发展的眼光促进与学科研究的互动,必须用全新的理念实现与课程改革的交互,帮助教师将先进的教育理论转化为教学行为。

三、反思性原则

随着基础教育改革的深入,我国逐渐建立起有中国特色的、更加符合时代要求的新课程体系,广大教育工作者的教育观念和教学行为也在发生着变化,主动性和创造性不断增强。要想推动课程改革向纵深发展,那么教育工作者就必须及时调整、更新、巩固自身的发展,在扎实的专业基础知识、良好的专业技能的基础上,积极归因和自觉反思,去适应新的动态生成、多元开放的课堂结构。

美国著名教育家杜威认为,"教师需要具有反思性思维和反思性意识"[③]。在说课的过程中,教师既是课堂教学的设计者,也是教研活动中的学习者,授课教师通过前期的准备和公开说课,再一次系统化分析自己的教学设计,及时总结、反思、改进,推动自我素养的提升。参与说课活动的教师要根据授课教师的讲解,主动发现问题,提出问题,并与大家共同商讨解决问题。

在教研活动中,教师们利用讨论会的形式进行"头脑风暴",使各种教学设计思想、创意互相碰撞、启发,在最大程度上发挥集体中每个人的优势,通过分析、比较、归纳、

---

① 刘发为:《越是伟大的事业越需要开拓创新》,《人民日报海外版》,2021年12月3日。
② 张之介:《作文素材 I 关于科学创新、实践精神(名人名言+代表人物+典型事件+范文赏析)》,2022年9月9日,https://zhuanlan.zhihu.com/p/481422502。
③ 杜威:《我们怎样思维》,人民教育出版社1996年版。

整合，相互取长补短，从知识、技能到素养的养成各方面进行反思，实现对教学的深层次研究，促进教师对教学规律的感知与顿悟。

为了使说课更好地服务于校本教研，服务于课程改革，说课活动、说课行为、说课研究都应该遵循反思性原则。让反思成为一种习惯，教师应时刻关注自己的教学方法是否科学，课堂设计是否合理，学生的语文基础知识和基本能力是否得到了提升，要以研究者的眼光审视、反思、分析和解决在教学实践中遇到的问题。

因此，在说课时，要重视对教师思考能力的培养，鼓励教师全身心投入说课活动中，在不断反思中更新自身的教育教学观念，审视教学过程，提升教学水平。

四、理论与实践相结合原则

说课是一项有计划、有目的、有理论指导的教学研究与交流活动。在说课中教师要主动了解先进的教育理论、教育模式，以专业基础理论为指导，把教例和教理有机融合，在确定教学策略、教学方法和教学步骤时，正确运用教育学、心理学、教学法等方面的理论，根据学生实际情况进行教学设计。

在实际教学中，要防止生搬硬套教学理论使得理论与教学设计脱离教材、学生、教师、教学程序，做到理论切合实际，实践是在理论指导下的实践，体现操作层面的科学性、针对性和实效性。教师在选择教学方法时，为取得最大的教学效果，往往综合了多种方法。比如在人教版高中必修课《鸿门宴》中，如果教师选择运用情境教学的策略，可能会用到语言、表演、音乐、视频等演示情境，还要综合自主学习、合作学习、研究性学习等多种方法来实施，将课堂内容与学生熟悉的实际生活联系起来，才能落实学生的主体地位。

因此，在说课活动中，授课教师不仅要说清教学设计构想，还要说清构想的理论与实际两个方面的依据，将教学理论与实际教学有机地结合在一起，做到理论与实践的高度统一。

第四节　语文说课的要求及应该注意的问题

教育改革越深入，对教师的要求就越高。语文说课能够全方位地考查语文教师的综合素质，多角度地反映教师的实际教学水平和教学研究能力。在说课的过程中，要注意以下问题。

一、内容完整，语言简练

说课活动由解说和评说两部分组成，重点在授课教师的解说，评说则是参与说课的教师针对解说而进行的评议、交流和研讨。说课时的解说不是按照教案中的流程把教学步骤一步一步地说给他人听，而是充分利用理论依据来说明自己的教学设计。它不仅要说出"教什么"和"怎么教"，更重要的是从理论和实践的高度具体阐述"为什么这么教"。

同时说课也不是讲课，教师不能把听说课的同行们视为学生，像平常上课那样讲40分钟，而是把时间控制在 10 ~ 15 分钟，用适当的语速、合适的音量、简洁的语言、严谨的用词来解说，只需抓住一节课的基本环节，说教材、说学生、说方法、说思路、说过程，紧紧围绕一个"说"字，突出说课特点，有重点、有层次、有理有据地进行分析。

二、说理透彻，重心突出

说课中应围绕教学目标的确定，重点、难点分析，现代教学技术的使用，整体教学设计以及巩固训练等主要内容向评委阐释说明教学设想，展现自己的学识、观点、经验、理论水平和教学技能，以求与在场的听众进行经验的交流、思想的碰撞，获得预想的说课成效。

说课不需要面面俱到，不宜把每个步骤说得过于详细，要重点说出如何引导学生观察、思考、记忆，说出如何培养学生的创新思维和学习能力，突出教学特色。

三、教态自然，分清主次

说课不是上课，所以不能把听众的身份搞错。台下坐着的是与说课教师同样研究这节课该怎么教的同行或者评判说课教师教学研究能力的专家、评委，他们关注的是说课教师用什么理论教、教什么、怎样教和为什么这样教，因此在说课时，要以亲切得体的姿态、表情、手势，促进与听者的交流，轻松、自然地展现出上好这堂课的自信心和决心，引起听者的共鸣。

虽然说课时听众是专家同行，但是说课是要为上课服务，使上课内容更具科学性、计划性，因此在说课中要重视学生的主体地位。学生是学习的主人，教师是学生学习的组织者、引导者和合作者，说课中有关教学目标的确定、教学方法的选择、教学程序的设计等都应当从学生已有的知识背景、认知水平出发，展现教师的教学艺术。

第二章 语文说课前的准备

第一节 认真研读教材

语文课程是一门学习语言文字运用的综合性、实践性课程。在说课时要想实现语文课程"以文化人、以文育人"的课程功能，就必须做足准备，熟悉课标，研读教材，深化对前沿教育理念的理解。

一、熟悉课标

课程标准是课程建设与实施的纲领性文件，是教材编写、教学实施、教学评价的根本依据。语文课程的核心任务是培养学生的语言文字运用能力，在说课时，既要对整个语文课程的所学内容进行宏观把握，又要对本节课的教学目标有清晰的认识，明确课标对本节课的具体要求。

在说课前，教师要掌握课标规定的教学任务、教学目标及相关学段的教学要求、教学中应遵循的原则等，如此一来，教什么、怎么教，学生培养应达到什么水平等级，教学评价应该以什么样的尺度来衡量就有了依据和标准。

二、研读教材

教育的根本任务是立德树人，而教材则是立德树人的重要载体。2019年9月，高中语文统编教材首先在北京、上海、天津、辽宁、山东、海南等6个省市率先使用，此后逐渐铺开。2024年秋季开始，全国统一使用统编义务教育语文教材。在说课中，"说教材"是非常重要的环节，也是说课的起始环节，教材分析得恰当与否，直接反映教师对教材的理解程度。

说课时不仅要说清所说内容选自哪个年级哪个单元，在教材中处在什么地位、有什么价值，还要熟悉语文教材的整体框架，了解教材的指导思想、教学原则和教学要求。

对教材理解越深刻，说课内容越充实、全面。

因此，说课前要充分了解选用的教材和教学资料的相关情况，熟悉教材结构，对全册教材中语文知识和能力的上下承接和前后延续做到心中有数，为设计教学方案奠定基础。

三、夯实理论

说课是教师依据国家颁布的课程标准，根据当前所用教材，结合先进的教育理论知识，按照学生的学情，充分研究教法、学法、教学过程等，向同行进行阐释的一种教研活动。说课侧重于理性思考，要从理论层面对教学内容进行分析，是将课堂理论和实践活动相结合的一种新型教研活动。要想做到"以理服人"，教师在说课前需要夯实理论知识，提升自身教学能力，更新教育教学理论，丰富学科教学相关内容。

20世纪60年代英国课程理论家斯腾豪斯正式提出"教师即研究者"的口号，新课改也要求教师要实现从知识传授者到学生学习促进者的角色转换，教师不再是传统教学中的"教书匠"身份，而是具有问题研究意识的"研究型学者"。教师在说课前应该主动收集与教育教学相关的各类资料，了解当今世界先进的教育教学理念和教学模式，把握教育数字化浪潮，要让新思想、新理论在说课的实践过程中得以印证，并指导实践。

第二节 明确说课的目标及思路

我国著名特级教师，"人民教育家"获得者于漪老师曾经这样说过："教育事业是爱的事业。师爱超越亲子之爱、友人之爱。因为它包蕴了崇高的使命感和责任感。"[①]师生关系是教育过程中最基本、最重要的关系，语文教育的目的不仅仅是教会学生语文知识，更重要的是通过文化体验涵养学生的人性，帮助学生形成健康健全的人格，促进学生的身心发展。教师需要真诚地关爱学生，充分了解学生的学习生活，在教学过程中根据本地、本校、本班的实际情况，创造性地开展课堂教学活动，达到教书育人的目的。

---

① 于漪：《点亮生命灯火》，商务印书馆2019年版。

语文教学的总目标是培养德智体美劳全面发展的优秀人才，但是具体到每一堂课，其目标又有不同。比如同样是弘扬革命主义精神的文章，在情感把握方面，《驿路梨花》一课情感的落脚点是感悟助人为乐的雷锋精神；而《谁是最可爱的人》的重心在于继承、发扬爱国主义、国际主义和革命英雄主义精神。说课中要避免千篇一律的套话，教材中所选的每一篇文章都有其与众不同之处。因此，在针对某一篇课文、某一个教学专题进行说课时，既要把握教书育人的总目标，又要根据具体内容确定教学的重点。传统的语文教学更注重对知识的考察，教师的身份是知识的传授者，学生被动地接受教师灌输的知识。随着课程改革的深入，对学生的考察已经从单纯的知识点考察转变为对复合情境和思辨能力的综合考察，教师要"学会教学"，而学生要"学会学习"。在每一节课的教学过程中，都要依据教学内容，结合学生的具体情况，确定不同的教学目标。教学目标越明确、越具体，教学思路越清晰，反映执教者的备课准备越充分，课堂设计安排越合理。成功的说课，要按教师自己的教学设计思路，有重点、有层次、有理有据地把自己的教学设想表达出来。

第三节　写好说课稿

说课稿是为进行说课活动而准备的文稿，编写说课稿必须以钻研理论、吃透教材、充分备课为基础。与教案不同，说课稿除了要说明"怎样教"，还要阐述"为什么这样教"，它是教案的深化与完善。

说课一般分为说教材、说学情、说教学方法、说教学过程、说教学反思等几个环节，教师在设计说课稿时，可以依据教材和相关教学参考书来确定教学目标和重难点，利用教育学、心理学、教学论中的原则和方法来确定教法和学法，仔细琢磨课型特点和学科特点，使其具有可操作性。尽管每位教师在教学中都有自己独特的风格，但在说课稿的撰写方面，还是有相似处，以下是说课的常用模板：

一、说教材

《×××》选自××版×年级语文第×册第×单元第×课。本单元教学重点在……在此之前,学生们已经学习了……为本课的学习起到了铺垫的作用。本篇课文主要讲述了一个……的故事,表达出……的情感。在教学时注意结合学生的经历和体验,深入品味,学习本课的技巧。

二、说教学目标

根据新课标的阶段目标要求和本节课的实际教学内容,我将本课的教学目标设定为以下三点:

1. 知识目标
2. 能力目标
3. 情感目标

三、说教学重难点

依据新课程标准的要求,通过对教学目标的分析,从学生实际掌握情况来看,我把教学重难点设定为:

1. 教学重点
2. 教学难点

四、说学情

语文教学是师生与文本对话的过程,学生是学习的主体。×年级的学生思维……阅读能力……学习习惯……他们学习本课的优势在……但在……方面有所欠缺,教学中可能出现……问题,我们应该解决这些问题。本课的教学目标设置符合学生的认知规律,有利于他们掌握课堂知识,培养语文素养。

五、说教学方法

从心理特征来说,(学段)是智力发展的……时期。根据教学内容和目标,充分考虑学生现有的知识基础、发展水平，我将采用以下教法和学法：

1．教法

2．学法

六、说教学过程

为了更好地实现教学目标，我将教学过程设计如下：

1．创设情境，导入新课

运用巧妙的开场白，激发学生的学习兴趣，创设良好的学习氛围。

2．初读课文，探究新知

通读课文，从整体上把握文章结构，了解各部分知识之间的内在联系。

3．研读课文，品析感悟

精读课文，倡导自主、合作、探究的学习方式，对知识产生的背景等进行具体分析，解答有探究价值的问题。

4．拓展延伸，迁移运用

拓展知识，把课堂内容与生活实际联系起来，并在教学设计中予以呈现。

5．课堂小结，布置作业

梳理总结，使知识要点化、系统化，巩固所学。

七、说教学反思

本节课通过课堂活动，基本实现教学目标，绝大部分的学生都能积极参与到教学活动中来，同时着重锻炼了学生的能力，力求让学生能通过课堂发现问题、提出问题和解决问题。但是本次教学在……方面还有所欠缺，希望老师们能给予批评指导。

谢谢大家的聆听，我的说课到此结束。

由于说课者的个人修养、能力差异以及所面对的学情不同，以上模板并不适用于所有的语文教师，但是对于新手教师来说，却是训练的好方法。通过类似的模板可以让他们了解说课的流程，明白每一环节要做什么，利用一次次训练，新手教师可以逐渐消化其中的奥秘，将其内化为自己的东西。

教师要树立正确的观念，不同学段不同课型需采取不同的方式方法，不能"套路化"，说课各环节的设置不能仅停留在表面，要避免落入俗套，教学过程应深入思考，抓住关键、把握重点，形成个性化的设计。

第四节　做好说课前的演练

　　说课是一场教学的"实战演练"。教师可以通过说课练习，找到适合自己的授课风格，为提高自己的授课能力打下坚实的基础。

　　首先，在说课演练时要注意语言文字表达能力。说课稿的撰写要求教师要有过硬的文字功底，能通过简单的词句表达丰富的含义，在文稿中展现说课者与书本交流、与他人交流的能力。说课讲究"说"，要说得科学，说得具体，说到实处。在说课时要注重语气、语量、语调、语速和语感，不仅要完整清晰地叙述自己的设想，更要有感染力，能在规定时间内牢牢抓住听课者的心。正式说课前一定要先进行演练，重视语音语调的抑扬顿挫、语速的快慢，在训练中审视自身，以坚定的语气、洪亮的声音和饱满的激情传达教学中的所思所想。

　　其次，要做到教态自然和谐、落落大方。教师的教姿教态是教学语言的重要组成部分，可以体现教师的人格修养和整体素质。说课时教师要利用表情、身姿、手势等态势语辅助讲解，将极富个人特色的设计方案准确、详尽地表达出来。因此，在说课前要准备好大方得体的服饰，调整自己的身姿和手势，练习走动的频率和幅度，学会用眼神表情达意。

　　最后，要调整好自己的心态。说课好似演讲，都是在台上通过有声语言和态势语言向听众传达信息。教学时教师要面对整个班所有的学生，按理来说对当众讲话不应该有畏惧、紧张的心理。但是当听众换成了一位位同行时，很多教师还是会感到压力很大，形成心理障碍，以至于说课时语言不连贯，节奏过快或过慢，从而影响教师的正常发挥。"凡事预则立，不预则废"，所以教师在说课前需要调节自己的心理状态，充分认识说课的重要性，但是不能过度放大此次说课活动对自身的影响。同时要卸下思想包袱，消除紧张心理，增强自信，说课时从容自如，发挥出自己的实际水平。

第三章 语文说课的内容

语文说课前的准备和备课写教案的过程大体上遵循同一个思路。备课从构思到落笔写教案，以及在写教案过程中再仔细推敲教法，主要是沿着"教什么""怎么教"的思路进行；而说课除了要说明"教什么""怎么教"之外，重点是说出"为什么这样教"。

因此，语文说课的内容主要涉及教材、教学目标、学生情况、教学方法、教学过程等方面的内容，概括起来就是说教材、说学情、说教学目标、说教学方法、说教学过程、说教学反思等，而本章节说课内容主要以师范生技能大赛和教师招聘考试的说课内容要求来进行讲解。

第一节 说教材

说教材，又称教材解读，它是"说课"必说的内容之一，就是指分析教材，说清"教什么"。说教材的具体内容包含了对课文各项相关内容的介绍和教师本人对教材的理解、安排以及对课程标准的把握和学情的分析。

在这个部分中，要遵照《义务教育语文课程标准（2022年版）》和《普通高中语文课程标准（2017年版2020年修订）》（后简称为"新课标"）的学段要求，结合《教师教学用书》，准确说出课文的主要内容、文章特色，讲清其在教材中的地位、作用和前后知识点的联系，同时对学生的学情进行准确的分析，再以此确定本课的教学目标、教学重难点等，阐明确定的依据以及学法的指导。所以，说教材一般分为如下几方面：

一、说出所执教课文在单元教材中的地位和作用

首先，说课前要熟悉教材，说出该教学内容的课题题目，处于教材的第几册、第几单元、第几篇乃至整个学习阶段中所处的位置，所起的作用以及前后知识之间的联系。分析要

说的课题在本章的地位以及本章与其他章的关系。

其次，说教材内容时可以多说，也可以少说；可按顺序说，也可打破顺序说，要因教材而定。说清楚本节教材在本单元甚至本册教材中的地位和作用，即弄清教材的编排意图或知识结构体系。教者要说出对教材的整体把握，就需要明确本课题在整个学段、一个年级的教材系统中所处的位置及其作用。

最后，只有明确了所执教课文在单元教材中的地位和作用，才能在教学中重视前后知识的内在联系，准确认定教材的重点和难点，从而提高课堂教学效率。

二、说出所执教课文的具体教学目标及确定目标的依据

语文课程通过围绕核心素养，体现课程性质，反映课程理念来确立课程目标。因此，设立语文教学目标就必须清晰了解《义务教育语文课程标准（2022年版）》和《普通高中语文课程标准（2017年版2020年修订）》，即：

在知识方面，"新课标"强调掌握基础技能，具有一定的识字量和独立阅读的能力，注重情感体验，有较丰富的积累，形成良好的语感，学会运用多种阅读方法，具有独立阅读能力。能阅读日常的书报杂志，初步鉴赏文学作品，受到高尚情操与趣味的熏陶，发展个性，丰富自己的情感体验和精神世界。能借助工具书阅读浅易文言文。能根据日常生活需要，运用常见的表达方式写作，具有日常口语交际的基本能力，在各种交际活动中，学会倾听、表达与交流，初步学会用口头语言文明地进行人际沟通和社会交往。能学会使用常用的语文工具书，运用多媒介学习语文。能借助不同媒介表达自己的见闻和感受，学习发现美、表现美和创造美，形成健康的审美情趣。

在能力方面，"新课标"强调养成语文学习的自信心和良好习惯，掌握最基本的语文学习方法。在发展语言能力的同时，发展思维能力，激发想象力和创造潜能。能主动进行探究性学习，在实践中学习和运用语文。

在情感方面，"新课标"主要强调学生在语文学习过程中，要加强爱国主义、集体主义、社会主义教育，逐步形成正确的世界观、人生观、价值观，提高文化品位和审美情趣。认识中华文化的丰厚博大，吸收民族文化智慧，弘扬社会主义先进文化、革命文化，关心社会文化生活，感受多样文化，汲取人类优秀文化的精华，建立文化自信。

教师在具体的语文说课的过程中，要在充分"吃透""新课标"的基础上，根据实际情况和具体的说课篇目来确定教学目标，避免所说的目标内容"全"而"空"、要求"高"而"大"。

例如，说语文的情感目标时，学生不可能通过一堂课就树立起强烈的民族精神或爱国情操。所以在说情感目标时不能笼统地表述，要具体到说哪种情感态度、哪种价值观。比如，只说"培养学生的民族精神"就非常空泛，要结合具体的文本说明具体培养学生诸如吃苦耐劳、刻苦进取等民族精神。

再例如，说语文的知识目标时，存在一些语文教师在设定目标时"空"且"大"的现象。比如"提高阅读能力"到底是提高学生哪方面的阅读能力？是速读能力还是默读能力？是语段分析能力还是字词分析能力？是通过对哪些字词句等语境的分析，得出怎样的结论，来提高学生分析字词的能力？因此，需要结合具体的文本来分析。

可见，说语文教学目标是语文说课的必要内容，也是语文教学内容、教学方法以及课堂评估的标准，对教学的全过程具有导向、激励、调控和衡量作用。因此，在具体说教学目标时要做到言之有理、言之有据。

三、说出所执教课文的重点和难点

教学重点的解决、教学难点的突破始终是课堂教学的焦点所在。语文教学受到学科课程特点、教学要求、教师对教材的解读、师生素质状况及文本与师生学习生活的实际相距较大等因素的影响，教学的重点、难点往往并不相同。说课时教师应依据教材、学生的实际，结合教学目标进行准确定位，清晰地阐述"重点为什么是重点""难点为什么是难点"。

第二节　说学情

深入分析课程标准和教材，目的是准确把握教学目标和内容，但仅仅把握教学目标和内容是不够的，因为"学生是学习的主体"，这是"新课标"的重要理念之一。学生不是知识的被动接受者，而是知识的主动建构者。在"新课标"背景下的课堂教学中，教师应营造宽松的课堂气氛，创设学习情境，激发学生学习动机，帮助学生主动建构知识，在学习中学会学习。分析学生是教师实施教学行为的关键，是贯彻因材施教的前提。教师想要在教学过程中让学生增强主体意识，发挥他们的主体作用，达到良好的教学效果，就要对学生的认知水平和结构、各种能力水平、思维品质、品德状况作详细的分析，使教学真正做到有的放矢，达到预期目标。因此，基于"新课标"背景下的说课要从以下几个方面来加强"学情"的分析。

第一，教师要分析学生的知识准备状态，了解他们对将要学习的内容所具备的相关的知识经验和能力水平等，明确这点很重要，它决定着学习起点的定位。

第二，教师要了解学生的生活经验，明确学生的"生活概念"与要学习的"科学概念"之间的差异。

第三，教师要了解学生的能力贮备状态，这里主要指在学习中所具备的认知加工和元认识能力。

第四，教师要了解学生的认知水平和认知风格。

第五，教师要了解学生的学习动机水平，预估学生对新的学习的关注和接受程度。

第六，教师要分析学生的学习方式，关注学生的个性差异。

由此可见，学情分析是对学习主体在动机原理和学习特点上的认识。通过学情分析，可以发现学生在学习中存在的问题，分析产生问题的主要原因，以确定在教学活动中解决该问题的方法和途径，回答"为何教"的问题。但是长期以来"学情分析"这一环节往往被忽视，或者仅仅依靠教师的想当然，或者仅对学生的原有知识作大致了解，较少对他们的学习态度和学习方式作具体分析。只有对全体学生从知识、能力、态度、风格、动机等多方面去关注分析，才能在教学中真正体现"以学生发展为本"这一课程改革的新理念。

第三节　说教学方法

所谓教学方法，就是教师为了完成一定的教学任务，在教学过程中所采用的手段。它既包括教师教的方法，也包括在教师的指导下学生学的方法。

一、说教法

说教法，就是说出选用什么样的教学方法和采用什么样的教学手段（策略），以及采用这些教学方法和策略的理论依据。具体而言，在语文学科的说教法中包括以下几个方面内容：

第一，说出该教学内容所适合采用的哪种（或哪几种）方法，以及这种（或这些）教学方法的具体操作要点，要求教师要根据"新课标"，灵活掌握教材，采取适用而多样的辅助手段，运用形象生动的、鲜活的感性材料，灵活采用与教学内容相一致、相适应的教学方法、教学策略，以求达到最优化的教学效果。

第二，说出如何遵循以学生为主体，以教师为主导，以思维训练为主线的"三主"教学原则。

第三，说出本节课或本单元的教学如何加强双基、发展智力、培养能力、提高觉悟。

一般情况下，语文教法具有以下几个特点：

首先是具有相对性。语文教学的任何一种教学方法都有优缺点，不存在绝对好的方法或绝对坏的方法。

其次是具有针对性。教师在进行教学时，必须针对学生的实际，提出要求，采取不同的教学方法。

再次是具有多样性。语文教学内容、目的呈现的多样性决定了语文教学方法的多样化，诸如：讲授法、串讲法、归纳法、点拨法等。

教法应该多样，单一的教法会影响学生学习语文的积极性。下面主要介绍两种语文教学常用的教法。

第一是讲授法。它主要是教师通过口头语言向学生系统地传授语文知识的一种基本教法。主要用于导语、指示语、结束语，介绍作家作品和时代背景，叙述教材基本事实，分析课文，提示重点，阐明事物和事理，评述写作范文和习作例文等。讲授法是传统的教法，也是目前学校课堂教学的主要手段，运用讲授法能使知识系统化，在较短的时间内教给学生全面而准确的知识。在具体教学中，教师应根据教学实际，该讲则讲，而且要讲到位。教师的讲解和示范，目的是传授知识，并让学生了解方法，不必担心因背上"满堂灌"的嫌疑而忽视对知识的系统传授。

第二是串讲法。它是文言文教学中有讲有"串"的传统教学方法。"讲"即讲解，"串"即串联，就是把上下文串通起来，实质是"讲"，讲的特征是"串"，即把词、句、段落、全篇连贯起来的系统讲解。串讲法的应用有利于发挥教师"讲"的主导作用，保持讲的整体性和系统性，变单方面的教师讲为师生双边活动，以保持学生注意力的高度集中，激发学生的学习兴趣。但要防止教师唱独角戏、主观注入、平铺直叙。

因此，在说教法时，教师可以选择与本课堂相适应的教学方法来进行阐释。

二、说学法

教法，是相对于教师的教而言的；学法，是相对于学生的学而言的。在语文教学中，教是为了学；教的唯一目的，是促进学生学，教会学生学。说课中说的学法，严格意义上讲，实际上是指学法的指导，是教师对学生进行学法的传授、训练，使学生逐步掌握科学的学习方法，进而形成独立的语文技能的过程。

语文学法和教法一样，不存在绝对好的方法。只有将方法有机结合才能达到预期的效果。说学法也和说教法一样，要结合文本教学，将学法的内容与作用详细说明。以下几点是语文说课教师应该引起关注的：

第一，说出自己如何教会学生学，即教师在这堂课或这一教学单元将对学生进行哪些具体的学法指导。教师要围绕学生发展这一根本点设计自己的学法指导方案，帮助学生学会学习、学会生存、学会发展、学会创造。具体而言，教师说学法，就是要说如何培养学生思考的习惯、思维的方法、创新的勇气；如何激励学生大胆质疑，增强其批判性思维能力，培养其探究性学习习惯；如何以知识学习为载体，提高学生的学习能力。

第二，说出自己如何让学生理解学习内容、学习的具体过程（过程中的几个环节、几种方式）以及他们对问题的思维过程。教师所设计的材料和问题是如何与学生的认知能力、思维习惯、生活经验相联系的，教师是如何选择与教材密切相关的、学生感兴趣的问题，灵活采用小组学习、自主探究、辩论演讲等学习形式的。教师要说明学生学习新知识以前他们所具有的知识经验，这种知识经验会对学习新知识产生什么样的影响。

第三，说出培养学生学习能力的具体方面和培养途径，如"新课标"所强调的识记、理解、运用三种基本的学习能力。教师说学生能力培养，应客观分析学生掌握教学内容所必须具备的学习技巧，以及是否具备学习新知识所必须掌握的技能与态度。

第四，说出如何调动和激发学生的学习兴趣，引导学生主动参与，积极思维，高效学习。学法设计从某种程度上讲，也是课堂教学情境的设计，包括引入学习的方法设计、学习高潮的创设等，教师只有激发了学生学习的内驱力，让学生产生了对学习的兴趣，才能使学生积极主动地探究，使他们保持对学习的热情，闪现出生命的活力与充满生机的智慧火花。当然，说激发学生学习兴趣，也别忘了说明由于学生的年龄特点、身体和智力上的个别差异所形成的不同的学习方式。

因此，语文教师在具体说课过程中，虽然没有学生，看不到师生之间和学生之间的互动，但从教师的说课过程中要体现以学生为主体，充分发挥学生在学习活动中的作用，说明如何调动起学生的学习积极性。在最大程度上体现出教师是课堂教学的组织者、引导者、参与者、启发者的课改精神。

第四节 说教学过程

说教学过程是说课的重点部分，因为通过这一过程的分析才能看到说课者独具特色的艺术性的教学安排。它反映了教师的教学理念、教学个性与风格，也只有通过对教学过程设计的阐述，才能看到其教学安排是否具有合理性、科学性和艺术性。通常情况下，说教学过程在说课中所花费的时间最长，其一般占据不少于60%的说课时间。

那么，在说语文教学过程时就要求层次清楚，过渡自然，环环相扣，结构严谨，一般包括以下几个方面内容：

第一，说出所执教课文的教学思路的设计与教学程序。说课者要说自己对教材的理解和处理，说教学内容的安排，并针对学生实际，把借助哪些教学手段来组织教学的基本教学思路说明白。整个教学思路要层次分明，富有启发性，能体现教师的主导作用和学生的主体作用，还要逐点解释教学思路设计的理论依据，在解释时要从教法、学法、教学手段、学生的认识规律等方面加以说明（包括大纲依据、课程标准依据、教学法依据、教育学和心理学依据等）。

说教学程序要把教学过程所设计的基本环节说清楚。如课堂的导入，新旧知识的衔接，新授内容分几个部分，各部分的教学如何展开，如何提问和组织讨论，各教学环节之间如何过渡，如何小结，等等。但具体内容只需概括介绍，只要听讲人能听清楚"教的是什么""怎样教的"就行了。

第二，说出教与学的双边活动安排。即说出在具体教学过程中将怎样运用现代教学思想指导教学，怎样体现教师的主导作用和学生的主体活动的和谐统一、教法与学法的和谐统一、知识传授与智能开发的和谐统一、德育与智育的和谐统一。

同时，要说清引导学生积极思维，培养学生创新意识、创新能力所采用的方法手段的设计。学习方法的选择上要充分考虑学生的自身因素与情境因素，如分析学生的认知基础、心理特征及对学习该内容的可接受性，分析学生思维方式与学习习惯对该内容的适应性，分析可能产生的差异。说明在哪些关键性问题和环节上体现以教师为主导，学生为主体，做到教师主导与学生主动性的最佳结合，知识结构的内在规律和学生认识规律的最佳结合，掌握知识和发展思维能力的最佳结合，同时做到最佳状态的情感交流和情感调控等。

第三，说出所执教课文的重点与难点的处理方法。即说出在教学过程中，怎样突出重点和解决难点，解决难点运用什么方法。

第四，说出采用哪些教学手段来辅助教学。即在什么时候、什么地方用什么样的教学手段，这样做的理论依据和使用价值。

第五，说出作业布置和板书设计。特别是说板书设计时要重点介绍这堂课的板书类型是纲目式、表解式、还是图解式？什么时候板书？板书的具体内容是什么？板书的呈现形式是什么？板书设计要注意知识的科学性、系统性与简洁性，文字要准确、简明。说依据可联系教学内容、教学方法、教师本身特点等加以解释。

另外，语文学科没有固定的教学模式和教学过程。在"四段论""五环节"的基础上，语文教学过程千变万化，从钱梦龙到黎世法，再到魏书生都对教学过程模式提出了自己的实践模式。因此，今天的教师的教学思想取决于其个性和风格，并在教学过程中充分反映出来。特别是语文教学的过程是最具创造性和个性化的领域，在教学过程中渗透着教师自己的思考、体验和构思。

所以，语文说教学过程重要的是要阐明"教什么""怎么教""为什么这样教"这三点，注意运用概括和转述的语言，不必按部就班地背诵、讲解自己的教学设计。

第五节　说教学反思

新课改强调教师的教学反思，一堂课即使上得再成功，都会有得有失，教学不可能是完美的艺术，而是有遗憾、有缺陷的艺术，同时也是需要不断改进的艺术、臻于完善的艺术。强化课后反思，可以通过坚持不懈地写教学日记、教学笔记等形式进行，也可以通过与同行们进行说课交流来完成。所以，说教学反思是说课的内容付诸实际操作后说课者的自我检验、总结和评价，是教师教学反思从感性上升到理性的一种最直接、最有效的行动研究途径，也是教学反馈和教师教学能力的展现。

因此，说语文学科的教学反思时，一般需要从以下几个方面来阐述：

第一，授课教师要全面总结该堂课的教学情况，说出自己在教学指导思想上是否有长进，是否突破了陈旧过时的教学理念，是否注意贯彻"新课标"，体现了全新的、正确的学生观、教学观，是否突出了学生在课堂学习中的主体地位，树立了科学的课堂教学效能观。

第二，要说出自己在教学方法上、学生学法的指导上是否有改进，有哪些改进。教学目标与任务、教学内容、教师角色与学生角色在课堂上的重新定位，以及素质教育的新要求，都会直接或间接地影响教法与学法的改进与发展。执教者说出自己在教学方法、学生学习方法指导上的得失，可以得到其他教师的认同和帮助，有利于改进自己的教学行为。

第三，要说出通过（一段时间以来的）教学与研究，自己在教学技艺上是否有所提高，有哪些提高。苏霍姆林斯基说过，只有不断进修提高的教师才是真正的教师，教师的成长取决于他的教学知识的质变和深化。① 一个努力提高自己的教师，会不断地处理理论与实践的关系，用理论的光芒照亮自己前进的道路，这是教师成长和积累丰富经验的基础。

第四，要在深刻反省的基础上，说出自己在该课题教学中的主要不足之处以及改进的措施。赞科夫说过，"没有个人的思考，没有对自己经验寻根究底的精神，提高教学水平就是不可思议的"②。教师要善于反思自己教学的得失，特别是反思自己的不足，在其他教师的帮助下改进教学，成就自己。

---

① 闫学：《跟苏霍姆林斯基学当班主任（修订版）》，教育科学出版社2020年版。
② Л.В.赞科夫：《和教师的谈话》，杜殿坤译，教育科学出版社1980年版。

第四章　语文说课的类型

由于每次说课的目的不一样，语文说课也可以分为以下几种不同的类型。

第一节　按语文学科的知识结构来分

一、课时型说课

（一）内涵

课时型说课是指说出语文课的某一节课的教学设计意图、理论依据和基本模块。这是说课的原始类型，也是语文说课的常见组织形式，一般师范生教学基本功大赛常运用课时型说课。

（二）特点

1. **针对性强**

课时型说课是针对具体的一节课进行的教学阐述，因此它具有很强的针对性。说课者需要深入分析这一节课的教材、学生情况、教学方法和教学手段等，确保说课内容紧密围绕这一节课的教学实际。

2. **系统全面**

课时型说课要求说课者系统地分析教材的地位作用、教学目标、重点难点，同时还要全面考虑学生的学情、学法指导，以及教学方法和教学手段的选择。这种全面系统的分析有助于说课者更好地把握整节课的教学设计和实施。

3. **注重实践**

课时型说课不仅关注理论层面的教学设想，更注重实践层面的教学实施。说课者需要详细说明如何在实际教学中运用所选用的教学方法和教学手段，以及如何处理教学过程中的重点和难点问题。

4. 突出创新性

课时型说课鼓励说课者在教材处理、教学方法、教学手段等方面进行创新。说课者可以结合自己的教学经验和学生的实际情况，提出独特的教学设想和实施策略，以体现自己的教学风格和特色。

5. 注重反思与改进

课时型说课不仅是对一节课的教学设计和实施的阐述，也是对这节课教学效果的反思和改进。说课者需要在教学实施后，对教学效果进行及时的反思和评估，并提出相应的改进策略，以不断提高自己的教学水平。

二、单元型说课

（一）内涵

单元型说课是指说出语文课中某一个知识单元的教学设计意图、理论依据和基本框架，这种类型的说课常见于各级别教学信息化大赛中的教学设计能力比赛。

（二）特点

1. 整体性

1）教学设计整体性

单元型说课强调从整体上对单元教学内容进行设计，包括教学目标、教学内容、教学方法、教学评价等方面的整体规划和安排。这种整体性设计有助于教师更好地把握单元教学的整体框架和重点难点。

2）知识结构的整体性

单元型说课注重单元内部知识结构的完整性和系统性，通过将一个单元内的知识点相互关联起来，形成一个有机的整体，帮助学生更好地理解和掌握所学知识。

2. 系统性

1）教学目标系统性

单元型说课在设定教学目标时，不仅关注知识与技能的目标，还注重过程与方法、情感态度与价值观等维度的目标设定，形成一个多维度的、系统性的教学目标体系。

2）教学过程系统性

单元型说课强调教学过程的系统性，通过设计一系列有序的教学活动，引导学生逐步深入理解和掌握单元知识，形成系统的认知结构。

3．关联性

1）单元内部关联性

单元型说课注重单元内部各知识点之间的关联性，通过设计具有内在联系的教学活动，帮助学生建立起知识点之间的联系，形成完整的知识网络。

2）单元之间关联性

单元型说课还关注不同单元之间的关联性，通过明确单元之间的逻辑关系和先后顺序，帮助学生形成对整个学科知识体系的整体认识。

4．灵活性

1）教学方法灵活性

单元型说课鼓励教师根据单元教学内容和学生实际情况，灵活选择多种教学方法和手段，如讲授法、讨论法、实验法、演示法等，以提高教学效果。

2）教学评价灵活性

单元型说课在教学评价方面也具有一定的灵活性，教师可以通过观察、测试、作业等多种方式对学生进行评价，以全面了解学生的学习情况并及时调整教学策略。

5．创新性

单元型说课鼓励教师在教学设计过程中进行创新，提出独特的教学设想和实施策略。这不仅可以激发学生的学习兴趣和积极性，还可以提高教师的教学水平和专业素养。

三、章节型说课

（一）内涵

章节型说课是指说出语文教材中某一章、某一节的教学设计意图、理论依据和基本框架。这种类型的说课常见于语文教研室或语文备课组的教学研究活动。

（二）特点

1. 针对性强

章节型说课针对某一具体章节的内容进行解说，这使得教学设计和教学策略更加具有针对性。教师能够深入剖析该章节的教学目标、重点难点，以及学生可能遇到的学习障碍，从而采取更加精准有效的教学方法。

2. 内容具体

与整体课程的说课相比，章节型说课的内容更为具体和详细。教师需要对该章节的知识点、技能点进行逐一梳理，明确每个知识点的教学目标和达成度要求，同时设计相应的教学活动和学习任务，以帮助学生更好地理解和掌握所学知识。

3. 联系紧密

章节型说课注重章节内部知识点之间的联系，以及该章节与前后章节之间的衔接。教师需要分析该章节在整个课程体系中的地位和作用，明确其与前后章节的逻辑关系和知识脉络，从而设计出具有连贯性和系统性的教学活动。

4. 实践导向

章节型说课强调理论与实践的结合，注重培养学生的实践能力和创新精神。教师需要根据章节内容的特点，设计具有实践性的教学活动和学习任务，如实验操作、案例分析、项目研究等，以帮助学生将所学知识应用于实际情境中，提高解决问题的能力。

5. 注重方法指导

章节型说课不仅关注知识的传授，更注重学习方法的指导。教师需要在教学过程中引导学生掌握有效的学习方法和策略，例如，怎样预习、复习、归纳总结等，以培养学生的自主学习能力和终身学习能力。

6. 灵活性

章节型说课具有一定的灵活性，教师可以根据章节内容的难易程度和学生的实际情况，灵活调整教学策略和方法。例如，对于难点内容可以采用多种教学方法相结合的方式进行教学，以提高教学效果；对于易错点可以通过强化练习和及时反馈的方式帮助学生巩固所学知识。

四、专题型说课

（一）内涵

专题型说课是指围绕语文教学中的某一专题研究来进行说课，要求说课者针对这一专题进行单项研究，并结合语文教育教学的理念和实践，阐述自己的观点、依据或解决问题的方法。

（二）特点

1. 目标明确，针对性强

专题型说课通常是围绕某个特定的教学问题或专题进行展开的，这使得说课的目标非常明确，针对性很强。教师能够集中精力对某一问题进行深入剖析和探讨，从而提出更为精准有效的教学策略和解决方案。

2. 内容聚焦，分析深入

由于专题型说课主要围绕某一特定问题或专题展开，因此其内容相对聚焦，切入点小，角度自由，分析也更加深入。教师需要对所选取的专题进行充分的研究和准备，了解该专题的背景、现状、发展趋势以及存在的问题等，从而在教学过程中引导学生进行更为深入的思考和探究。

3. 灵活多样，创新性强

专题型说课在形式上相对灵活多样，可以根据不同的专题内容和教学目标采用不同的说课方式和策略。同时，由于需要针对特定问题进行深入剖析和探讨，因此也更容易激发教师的创新精神和创造力，从而提出更为新颖独特的教学设想和实施策略。

4. 实践导向，注重应用

专题型说课通常具有较强的实践导向性，注重将理论知识与教学实践相结合。教师需要在说课过程中充分考虑学生的实际需求和认知水平，设计出具有针对性和实效性的教学活动和学习任务，以帮助学生更好地将所学知识应用于实际情境中。

5. 促进教师专业发展

专题型说课不仅有助于提升教学质量和效果，还能够促进教师的专业发展。通过参与专题型说课活动，教师可以不断反思自己的教学实践，总结经验教训，提升自身的专业素养和教学能力。同时，专题型说课也为教师提供了一个交流学习的平台，有助于教师之间相互借鉴、共同提高。

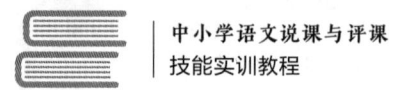

第二节　按语文说课的目的来分

一、研讨型说课

（一）内涵

研讨型说课一般是以语文年级组、语文教研组或语文备课组为单位，用集体备课的形式，由一位教师事先准备并写好讲稿，说后大家一起评议修改。有明确的研究课题，但没有说课者与听课者的区别，可以是讨论式、答辩式，也可以是对话式。这是语文教研活动常用的形式。这种类型的"说课"，说后大家评议修改，变个人的智慧为集体的智慧。这种说课可以一个星期开展一次，在语文教研组里的教师可以轮流说课。研讨型说课有利于提高教师解读文本的能力和教学设计能力。

（二）特点

1. 专题研究性

研讨型说课通常是对说课内容中的某一方面进行专题研究、探讨的一种形式。这种说课方式有助于形成浓厚的研究氛围，促进教师之间共同探索优化教学的途径。它不仅仅是对教学内容的简单陈述，更是对教学中某一具体问题或现象的深入研究，体现了说课作为一种教研活动新形式的特点。

2. 探索性与创新性

研讨型说课鼓励教师对教学中的难点、热点问题进行深入研究，寻找解决问题的方法。这种说课方式具有很强的探索性和创新性，能够激发教师的创新思维和解决问题的能力。通过研讨，教师可以提出新的教学设想、教学策略，为教学改革提供有益的参考。

3. 互动性与合作性

研讨型说课过程中，教师之间需要进行充分的交流和讨论。这种互动不仅有助于教师之间相互学习、借鉴经验，还能够促进教师之间的合作与协作。通过集体智慧的碰撞和融合，教师可以共同探索出更加有效的教学方法和策略。

4. 理论与实践相结合

研讨型说课不仅关注理论层面的探讨，更注重将理论应用于实践。教师在说课过程中需要结合具体的教学实践，分析教学中的实际问题，提出切实可行的解决方案。这种理论与实践相结合的说课方式，有助于提升教师的教学能力和专业素养。

5. 灵活性与广泛性

研讨型说课在形式上相对灵活多样，可以根据不同的研讨主题和教学目标采用不同的说课方式和策略。同时，研讨的内容也具有广泛性，可以涉及教学的各个方面，如教学目标、教学内容、教学方法、教学评价等。这种灵活性和广泛性使得研讨型说课能够适应不同教师、不同课程的需求。

二、示范型说课

（一）内涵

示范型说课一般由地区教研主管部门或学校组织语文教学骨干、语文教学能手或相关语文学科的专家进行。这种类型的说课形式，一般要求说课教师结合自己的教学特色或特长做精心准备，努力做到突出教学新理念，诠释教学新思想，展示教学新才华。可以说，示范型说课是培养教师教学能力的重要途径之一。

（二）特点

1. 示范引领性

作为各地区的语文教学骨干、语文教学能手或语文学科的专家，他们通过示范性的说课，向其他教师展示先进的教学理念、教学方法和教学技巧，从而起到引领和示范作用。这种示范引领性有助于激发其他教师的教学热情和积极性，推动整个教师队伍教学水平的提升。

2. 目的明确性

示范型说课的目的非常明确，即通过展示优秀教师的教学设计、教学实施和教学反思过程，帮助听课教师更好地理解教学设计的意图和思路，提高他们的教学能力和教学水平。这种明确的目的性使得示范型说课更加具有针对性和实效性。

3. 内容深入性

示范型说课的内容通常比较深入，不仅涉及教学目标的设定、教学内容的选择和组织、教学方法的运用等方面，还会深入剖析教学设计背后的理论依据和教学理念。这种深入性的内容有助于听课教师更加全面地了解教学过程和教学设计的内在逻辑和联系。

4. 形式灵活性

示范型说课的形式相对灵活多样，可以根据不同的教学需求和实际情况进行调整和变化。例如，可以采用口头表达、多媒体展示、实物演示等多种形式进行说课；可以在课前、课中或课后进行说课；可以针对某一节课的具体内容进行说课，也可以针对某一学科或某一教学阶段的教学设计进行说课。这种灵活性的形式有助于满足不同教师、不同课程的需求。

5. 互动性与反思性

示范型说课过程中，通常会有听课教师的互动和参与。他们可以通过提问、讨论等方式与说课教师进行交流和互动，从而更加深入地了解教学设计的细节和思路。同时，说课教师也会在课后进行教学反思和总结，不断改进和完善自己的教学设计。这种互动性和反思性有助于促进教师之间的交流和合作，共同推动教学质量的提升。

三、评比型说课

（一）内涵

评比型说课一般带有竞赛性质，参加说课的语文教师一般都是通过层层推荐或者选拔出来的优秀语文教师。通常情况下，这种说课要求参赛教师从事先确定好的课题中抽签，确定自己说课的课题，在规定的时间内研读教材，写出说课提纲，然后登台展示，评委要对说课作出客观公正的评判。这种类型的说课常见于各种级别的说课比赛、教师岗位应聘的能力测试等情况，同时也多用于培养骨干教师和学科带头人。

（二）特点

1. 明确的时间限制

评比型说课通常有严格的时间限制，一般要求在10至15分钟内完成。这要求说课者必须精心准备，合理安排说课内容，确保在规定时间内充分展示自己的教学设计和教学理念。

2. 详略得当的内容安排

由于时间有限，说课者需要把握好说课的结构和内容，做到详略得当。共性的问题可以简略说明，而个性的问题则需要详细阐述，以充分展现教师的教学艺术个性和总体水平。

3. 突出的语言能力

评比型说课强调"说"的过程，即说课者要通过口头表达来展示自己的教学设计和教学理念。这要求说课者不仅要具备扎实的专业知识，还要具备良好的语言表达能力，能够清晰、准确地传达自己的教学思想。

4. 综合素质的体现

评比型说课不仅考察说课者的教学设计和教学实施能力，还考察其综合素质。这包括教师对教育理论的掌握情况、运用教育理论分析教育对象和指导教学实践的能力等。通过说课，可以全面反映教师的教学理念、教学方法以及对学生学习情况的了解和把握。

5. 现场展示与评定

评比型说课通常采用现场展示的方式进行，说课者需要在同行或专家面前进行说课。这种现场展示的方式不仅考验说课者的心理素质和应变能力，还能够让评委更加直观地了解说课者的教学水平和综合素质。在展示结束后，评委会根据一定的评价标准对说课者进行评定，分出等第并进行奖励或选拔。

6. 准备充分，理论支撑

评比型说课要求说课者在短时间内完成教学设计并准备说课内容，这要求说课者必须具备扎实的教学功底和丰富的教育理论知识。在说课过程中，说课者需要有理有据地说明自己的教学设计和教学理念，特别是要能够运用教育理论来支撑自己的教学实践。

四、汇报型说课

（一）内涵

汇报型说课一般是语文教师通过说课，向教学管理人员、领导汇报自己的教学或教学科研工作，让教学管理人员从中了解该教师的专业水平，掌握学校教学科研动态，制订相应的校本培训计划，做到有效掌控学校科研水平。

（二）特点

1. 展示性与汇报性

汇报型说课的核心在于"展示"与"汇报"。它要求教师向说课的班级、同行或专家展示他们在特定主题或课程中所学到的知识和技能，以及教学设计的实施过程和成果。这种展示与汇报不仅限于知识的传授，更包括了对学习或教学过程的理解、反思和总结。

2. 目的明确，内容具体

汇报型说课通常具有明确的目的，即展示和汇报学习或教学的成果。因此，其内容往往非常具体，针对某一主题或课程进行深入剖析和阐述。这种具体性有助于听众更好地理解和把握说课者的学习或教学思路，以及所取得的成果。

3. 互动性强

汇报型说课往往伴随着较强的互动性。在汇报过程中，听众可以向说课者提问或发表自己的看法和意见。这种互动不仅有助于增强说课的趣味性和吸引力，还能够促进说课者与听众之间的交流和沟通，加深对所说内容的理解和掌握。

4. 促进反思与提升

汇报型说课不仅是一个展示和汇报的过程，更是一个反思和提升的机会。通过准备和呈现汇报内容，说课者需要对自己的学习或教学过程进行深入反思和总结，发现自己的不足之处并设定提升目标。这种反思与提升的过程有助于说课者不断提高自己的表达能力和专业知识水平。

第三节　按语文教学的时序来分

一、预设验证式说课

（一）内涵

预设验证式说课也称为课前说课，就是语文说课教师在认真研读教材，领会编写意图，分析教学资源，初步完成教学设计的基础上进行的一种说课形式，是语文说课教师个体深层次备课后进行的一种教学预演活动。从其对课堂教学的影响来看，通过课前说课活动，可以借助集体的智慧来预测课堂教学的实际效果，最终达到改进和优化教学设计的目的，因此，预设验证式说课是一次预测性和预设性说课活动。

预设验证式说课的结构形式一般由以下五个环节构成：教学设计理念、教材分析与教材处理、教学方法与教学手段、教学程序、教学设计说明。其教学思路主要按照"教什么""怎样教""为什么教"来展开。

（二）特点

1. 预设与验证相结合

预设验证式说课，顾名思义，就是将预设和验证两个环节紧密结合的说课方式。这种说课方式不仅要求说课者提前对教学内容、教学目标、教学方法等进行预设，还要求在实际教学过程中对这些预设进行验证，并根据验证结果进行教学调整和优化。这种预设与验证相结合的特点，使得说课活动更加具有针对性和实效性。

2. 理论与实践相统一

预设验证式说课强调理论与实践的统一。说课者不仅需要有扎实的理论基础，还需要将理论应用于实际教学中，通过教学实践来验证理论的可行性和有效性。同时，说课者还需要对教学实践进行反思和总结，提炼出具有普遍指导意义的经验和教训，为今后的教学提供借鉴和参考。这种理论与实践相统一的特点，有助于提升说课者的教学能力和教学水平。

3. 动态调整与优化

预设验证式说课是一个动态调整与优化的过程。说课者需要根据教学实际情况和学生反馈，及时调整和优化教学预设，确保教学目标的顺利实现。这种动态调整与优化的特点，使得说课活动更加灵活多变，能够适应不同学生的学习需求和教学环境的变化。

4. 循环往复与螺旋上升

教学活动是一个循环往复、螺旋上升的过程。预设验证式说课也遵循这一规律。每一次说课活动都是对上一次教学活动的总结和反思，同时也是对下一次教学活动的预设和规划。通过这种循环往复的说课活动，说课者可以不断积累教学经验，提升教学能力和教学水平，实现个人专业成长的螺旋上升。

5. 促进教学研究与质量提升

预设验证式说课不仅是一种教学活动，更是一种教学研究活动。通过说课活动，说课者可以深入探讨教学问题，提出解决方案，并付诸实践进行验证。这种教学研究活动有助于推动教学质量的不断提升，促进教育事业的持续发展。

二、即时反思式说课

（一）内涵

即时反思式说课也称为课后说课，就是语文说课教师根据课前的教学设计进行实际教学，通过反馈来进行总结评价，并在上课后向所有听课人员阐述自己教学得失的一种说课形式。它是建立在说课教师个体教学活动基础上的一种集体反思与教研活动。正是在这种集体的反思与研讨中，说课教师个体和参与研讨的其他人员对教学的成败得失有了更加清晰的认识，也为进一步改进和优化教学设计提供了可能。因此，即时反思式说课被认为是一种反思性和验证性的说课活动。

预设验证式说课不同于即时反思式说课，前者是口头表达本节课的教学目标、教学设想及理论根据，按照"教什么""怎样教""为什么教"的教路展开，侧重于理论认识；而后者是根据课前说课的教学设计，进行实际课堂操作，通过反馈来进行总结评价，说出成功之处、欠缺之处、改进之处。是按照"教什么""怎样教""为什么教""教得怎样""为什么会这样""如何改进"的思路展开，侧重于从实践效果的角度分析认识。因此，必须认真运用教学理论去分析研究，找出经验教训，发现新问题，探索新认识。

（二）特点

1. 即时性

1）即时反馈

即时反思式说课强调在教学过程中或教学结束后立即进行反思和说课。这种即时性使得说课者能够迅速捕捉到教学过程中的第一手资料，包括学生的反应、教学效果的即时反馈等。

2）时效性

由于反馈的即时性，说课者能够针对教学过程中的具体问题或亮点进行及时的总结和反思，从而及时调整教学策略，提高教学效果。这种时效性对于提升教学质量具有重要意义。

2. 反思性

1）深度反思

即时反思式说课要求说课者不仅要回顾教学过程，更要对教学过程中的问题进行深入剖析和反思。这包括对教学目标是否达成、教学方法是否得当、学生参与度如何等方面的反思。

2）持续改进

通过即时反思，说课者能够发现教学中的不足和可改进之处，从而制定具体的改进措施。这种持续改进的精神是即时反思式说课的重要特征之一。

3．互动性

1）师生互动

即时反思式说课往往伴随着师生之间的互动。说课者可以邀请学生参与反思过程，听取学生的意见和建议，从而更全面地了解教学效果。

2）同行交流

即时反思式说课也是同行之间交流教学经验、分享教学智慧的重要平台。通过即时反思和说课，教师们可以相互学习、相互启发，共同提升教学水平。

4．促进专业发展

1）提升教学能力

即时反思式说课有助于说课者不断提升自己的教学能力。通过对教学过程的即时反思和总结，说课者能够不断积累经验、完善教学策略，从而成长为更加优秀的教师。

2）推动教育创新

即时反思式说课还鼓励教师们在教学实践中勇于创新、敢于尝试新的教学方法和手段。这种创新精神是推动教育事业不断向前发展的重要动力。

第五章　语文说课的技巧

说课是一门艺术，它要求说课者必须深钻纲本，细研方法，精琢程序，努力使说课的每个环节到位。而要做到这一点，就必须掌握一套行之有效的方法和技巧。

第一节　语文说课技巧的概述

说课要求教师在10分钟至15分钟将一节课的教学设计、教学过程及教学内容用简要准确的语言表达出来。说课是体现教师教学基本功的一种有效方式，具有鲜明的艺术性、很强的操作性和实用价值。在"新课标"背景下的说课要掌握以下几个技巧：

一、说课要追求创新

创新是艺术的灵魂，也是一切艺术所具有的共同特征。赞科夫说："所谓创造性，就是一种不断前进，向着更完善、更新鲜的事物前进的志向，并且实现这种已产生的志向。明天一定要比今天做得更好，这是一个创造性地工作的教师的座右铭。"[①]

创新是说课艺术的生命，只有创新才能展示说课的活力，突出说课艺术。如果墨守成规，生搬硬套说课的条条框框，说课也就成了千人一面、千篇一律的图腾，没有一丝活力，毫无魅力可言了。所以在"新课标"背景下追求创新是说课成功的关键。说课一定要注意发挥自己的特长，说出自己的特色。如可以根据具体情况对说课的导入、方法、模式、手段等作出创新的设计。说课切忌照搬他人，人云亦云，要说好课，就要精心构思，找准切入点，抓重点，抓关键，讲究创新，体现自己的个性特点，有自己的独到之处。

---

① JI.B赞科夫：《和教师的谈话》，杜殿坤译，教育科学出版社1980年版。

二、说课要讲究节奏的适度

说课的节奏是指说课者说课的语速和时间的快慢。说课时掌握好节奏，该慢则慢，该重则重，张弛有致，抑扬顿挫，才能优化说课效果。但在现实的说课活动中，有时会出现三种情况：

一是规定的说课时间到了，而课还未说完，于是出现了说课的"拖堂"；二是"前松后紧"，前面慢慢悠悠，最后匆匆忙忙，草草收场；三是"先紧后松"，开始时说得快，后来内容快说完了，而时间尚剩许多，说课者只好东拉西扯，或故意减慢语速，以期延长时间。

这些现象都会严重影响说课的整体效果。说课是有时间限制的，教师需要控制好时间，尽可能在有限的时间里，展现出自己独特的教学魅力。在说课前，可以根据自己要讲的课文，对各部分内容所需的时间大致作一个估算，提前模拟训练，以期达到最好的效果。

因此，在极有限的时间内完成说课，必须详略得当、繁简适宜，准确把握"说"的节奏。说得太详太繁，时间不允许，听众也觉得没有必要；说得过略过简，说不出基本内容，听众无法获得该说课教师教法的精髓。要尽量做到整个说课过程节奏统一、和谐、不慌乱也不紧张，在规定的时间内节奏适度地说完全部内容。

三、说课要体现"美"

首先，在说课中要用审美规范教学活动，使所有的教学活动充满美感。其次，说课要与讲课一样处处体现美，给人以美的享受。在说课中，说课者要轻松、自然、洒脱，要力求内容美、语言美、情感美、教态美，注意说课的风采。从教材来说，教师要善于从教材里感受美、揭示美、提炼美、升华美；从情感来说，情感是教学艺术魅力形成的关键因素，有强烈的情感才能感染听者；从教学板书来说，板书是教师在备课中构思的艺术结晶，它具有独特的魅力，教师应该仔细思考，大胆设计，给学生以美的熏陶；从教态来说，教态是沟通师生情感的桥梁，教态美可以激发听者对美的追求。

最后，说课中的"美"是说课者教学造诣的体现，是建立在说课者个人素质和修养的基础之上的。

四、说课要整体流畅、层次分明

说课的对象是同行或领导，说课的时间不宜过长，一般情况下 10 分钟至 15 分钟就足够。一节课的教学设计内容很多，所以说课中应突出重点，抓住关键，具有层次，防

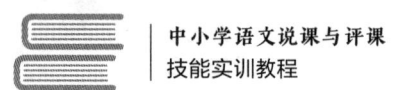

止面面俱到，无主次地泛泛讲解。几个环节的过渡要自然，比如，在进行完教材分析后，要确定目标时，可以这样说："基于对教材的理解和分析，本人将该节课的教学目标定位为……""下面我侧重谈谈对这节课重难点的处理。"

说课应体现"特殊性"，即充分体现班级、学生的特点。学生是分层次的，在说课中要体现全面和重点相结合，分层推进，包括设计不同学生层次的要求，不同阶梯难度的练习，分层解决重点、突破难点。

五、说课要灵活

说课重理性和逻辑思维，因此，教师需要把课说得有条理、有逻辑。这就要求说课教师认真钻研"说"课教材，精心设计"说"课教案，灵活选择"说"课方法，准确实施"说"课教程。

说课，其实与课堂教学一样，也是一个动态系统。随时都要根据说课的不同情况和不同需要，调整、补充和修改说课的思路和内容。不管预先准备如何充分，在面临真实说课情景时也可能发生意料之外的情况，而且说课的时间、说课现场的氛围也不是一成不变的，这就要求说课者灵活处理，而不是照本宣科。

所以，说课一定要注意发挥自己的特长，在不违反说课原则的前提下，可以根据具体情况调整说课的环节和内容，努力说出自己的特色。

第二节　语文说课的语言技巧

说课是教师在备课的基础上，向同行或专家"叙述"教学设计的过程。教师的语言表达能力是教师的一项重要修养和基本功，是教师能力素质的有机组成部分。苏霍姆林斯基说："如果你想使知识不变成僵死的、静止的学问，就要把语言变成一个最重要的创造工具。"① 所以，一位语言平淡、逻辑混乱、没有趣味、情感匮乏的教师很难体现出说课语言的艺术性。

说课活动为广大教师提供了在群体关注下口头表达教学思想、展现教学智慧的机

---

① 苏霍姆林斯基：《给教师的建议》，杜殿坤译，教育科学出版社1977年版。

遇。它要求教师运用清晰流畅、生动形象、精确标准的语言来表达自己的教学思路，通过合理的语言节奏、充满激情的语调来向同行介绍自己如何上课。

说课的对象变了，说话的语气与要求也应随之变化。不少教师虽然把课标、教材钻研得很透，讲稿准备得也很充分，但说课的效果却不尽如人意，这和语言表达能力差不无关系。教师要想获得成功，说课前就必须认真学习、刻苦练习，克服各种语言上的毛病。要使说课语言具有高度的艺术性，需要掌握以下几个技巧：

一、科学性

说课语言必须准确规范、简明扼要，是对客观事物的本质与规律的正确揭示，必须具有严密的逻辑顺序，前后连贯、层次分明、结构严谨，能清晰地反映出说课者的教学思路和理论依据。

二、形象性

教师说课语言宜具有形象美，语音应清晰、明朗，悦耳动听，音量要适中，语调应丰富和谐，如音乐旋律般起伏跌宕，抑扬顿挫，刚柔相济。教师要通过语言情境的创设，化枯燥为生动，化抽象为具体，化隐微为显著，化无形为有形。比如，在人教版语文八年级的朱自清《背影》的说课中，某中学老师形象地述说了父亲去买橘子的片段："父亲是一个胖子，要爬上那边的月台，是不容易的。他用两手攀着上面，两脚再向上缩；他肥胖的身子向左微倾，显出努力的样子。"平淡的语言中充满真情，让一个特定的镜头生动形象地展现在学生的面前，让学生身临其境，从中感受到了一位仁慈的父亲对儿子的关怀和体贴。

三、情感性

没有情感的语言是平淡乏味的，没有情感的语言是苍白无力的。在说课中打动人的是情，感染人的是情，震撼人的依然是情。

在人教版语文九年级《故乡》的说课中，某中学老师就设置了这样一个导语：

同学们，我们每个人都有故乡，我们都深爱自己的故乡，古往今来有多少人写故乡、思故乡。赞美故乡风土人情的有之；抒发对故乡离情别绪的有之；表达回到阔别多年的故乡时的激动和欣喜的有之。鲁迅也是凡人，他1919年回到阔别多年的故乡时的感受又是如何呢？我们来跟随《故乡》中"我"的足迹一起去感受一下吧。

教师在说课时用自己饱含深情的语气带动学生带着情感去体会"我"回故乡的喜乐哀愁，在说课时也可以同样满怀深情，将听课者引入该节课的课堂氛围之中。

四、创造性

当教师能够运用准确、纯熟、流畅且富有感情的语言侃侃而谈的时候，当教师能把叙述性语言、描摹性语言、介绍性语言、理论性语言以及课堂教学性语言，用控制自如的力度，声情并茂地表达出来的时候，带给人的就不仅仅是说课的具体内容，而且是一种艺术享受。

所以，在说课中，教师要根据说课内容的不同，创造性地采用独白、教学语言、朗读语言等多种语言形式来讲述自己的教学设想，使语言表达的科学性、艺术性、准确性、启发性、趣味性及独立性熔于一炉。

五、交流性

说课要求教师掌握说课节奏，树立交流意识，恰当使用不同的说课语言。教师应选择不同的用语方式适用不同的说课情景，确立与人交流的意识，要给听者留下产生共鸣、联想及受到启发的空间。同时，要尽量避免语言的啰嗦、穿靴戴帽和言之无物，注意语言的轻重缓急和感染力。

说课时教师大部分时候用的是独白语言，因而速度要适当，语调的轻重缓急要恰如其分，让听者从教师说课语调的抑扬顿挫、高低升降中体会出说课内容的变化，切忌自始至终用一个腔调念稿或背稿，音量要使在场的每个人都听得清清楚楚。如在作教材分析、教学方法、学习方法的讲解时要简明扼要，说教学目的则要分条款一一叙述，讲重难点时可用重音来强调。

说课不仅要说"教什么"，还要说"怎样教"。说"怎样教"实际上就是要说出教师准备怎样上课，虽然不要求将课堂上的一问一答详细地展示出来，但是也要让听者知道说课者的教学设想和具体步骤。有问有讲，有读有说，用语言变化将听者带到课堂教学中去，推测出说课者的课堂教学效果。这些内容主要是教学语言的运用。

课堂的总结语和说课时设计的结束语应具有教学语言和独白语言的双重性，不但要能打动听者，而且还能让听者从说课者的语言中推测该节课在真实的课堂情景中也会深

深地吸引学生。这就要求结束语既要精彩,又能将精彩恰当地表达出来。

广大教师一定要努力学习语言理论,刻苦练习语言技巧,不断地追求语言美,勇敢地探索说课语言艺术。可以肯定,教师的语言表达能力在说课活动这种特殊的环境下,将会逐步地提高。

第三节 语文说课的心理技巧

由于说课要求教师在短时间内陈述该节课设计的整体思路,迫于时间和内容完整性的压力,如果说课教师心理压力过大,就很容易在说课时心理失衡,形成心理障碍,从而影响正常水平的发挥。这就需要说课教师在活动之前,做好充分的心理准备。只要教师卸下思想包袱,消除紧张心理,同时正确地估计自己的实力,使能力得到应有的发挥,就能在说课时从容自如。

在说课过程中,教师也要注意自我的心理调节。说课是在没有学生配合的情况下,一切靠自己完成,有时可能会出现漏洞。这时需要教师具有稳定力、应变力,消除紧张心理,稳定心理状态,恰当巧妙地弥补。这种心理调节能力不能一蹴而就,需要在平时就加以训练。教师应从以下几方面培养心理素质:

一、情感是说好课的动力

在教学中,教师重视以人为本,尊重学生,注重情感交流沟通,于是涌现了情感型的教学风格。他们认为教学是人与人之间互动的过程、情感交流的过程、心灵沟通的过程,因此教学要有情感。其特点是情感充沛,情绪非常热烈,感染力强,师生关系和谐融洽。属于情感教学风格的几位教学大师,如南京师范大学附属小学的斯霞老师、原北京第二实验小学的霍懋征老师,她们将热爱融于师德,在上课时将爱毫无保留地注入每一个学生的心灵,以爱启智,聆听儿童心灵的呼唤。

因此,在说课中不能不考虑教师的情感因素。情感是人对客观事物与人的需要之间关系的反映。对于说课活动具有积极的情感可以激发教师说课活力,使教师精神焕发,朝气蓬勃,从而提高说课水准。

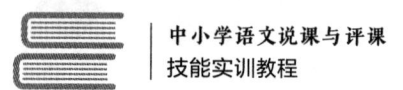

（一）说课要有良好的心态

说课作为教师展示教学设计思路、教学理念及教学技能的一种重要方式，其成功与否不仅取决于内容的丰富性和创新性，还与教师的心态密切相关。拥有良好的心态对于说课者来说至关重要，它能够帮助教师在紧张或压力环境中保持冷静、自信，从而更有效地传达教学思想和内容。因此，以下是一些关于说课时应具备的良好心态的建议：

1. 自信而不自负

自信是成功的基石。说课者应对自己的教学设计有充分的信心，相信自己的教学理念和方法能够有效促进学生的学习。然而，自信不应转化为自负，应保持谦逊的态度，接受他人的建议和反馈。

2. 积极准备，充分演练

充分的准备是缓解紧张情绪、增强自信心的关键。说课者应提前规划好说课内容，熟悉教学流程，并进行多次模拟演练。通过不断的练习，不仅可以提高说课的熟练度，还能帮助说课者更好地预测和应对可能出现的问题。

3. 保持平和的心态

说课过程中，面对评委或听众的提问和反馈，说课者应保持平和的心态，不急不躁。即使遇到难以回答的问题或批评，也应以开放的心态接受，并尝试从中学习和改进。

4. 注重过程，享受分享

说课不仅仅是为了展示成果，更是一个分享教学经验和教学理念的过程。说课者应把每一次说课看作与同行交流、学习的机会，享受分享的乐趣。这种积极的心态有助于说课者更加放松地表达自己，提高说课的质量。

5. 灵活应变，适时调整

说课过程中可能会遇到各种预料之外的情况，如时间不够、设备故障等。说课者应具备灵活应变的能力，根据实际情况适时调整说课内容或节奏，确保说课顺利进行。

6. 保持感恩之心

无论说课结果如何，说课者都应保持感恩之心。感谢评委或听众的聆听和反馈，感谢学校或组织提供的机会和平台。这种感恩的心态有助于说课者保持积极向上的态度，不断追求进步。

总之，在说课时保持良好的心态需要说课者从多个方面进行调整和准备。通过增强自信、积极准备、保持平和、注重过程、灵活应变以及保持感恩之心等方式，说课者可以在说课过程中更加从容不迫地展示自己的教学风采。

（二）说课要有激情

说课作为教学交流与展示的重要形式，确实需要说课者展现出激情。激情不仅能够激发说课者自身的动力，更能感染听众，使他们对说课内容产生强烈的兴趣和共鸣。因此，以下是一些关于说课要有激情的建议：

1. 深刻认同教学内容

说课者首先要对教学内容有深刻的理解和认同，相信其价值和意义。这种认同会转化为对教学内容的热爱和激情，使说课者在讲述时充满力量和感染力。

2. 投入真挚情感

在说课过程中，说课者要投入真挚的情感。通过语调的高低、语速的快慢、语气的强弱等变化，以及丰富的面部表情和肢体语言，将内心的情感真实地传达给听众。这种情感的投入会让说课更加生动、感人，也更容易引发听众的共鸣。

3. 展现个人风采

说课者应该勇于展现自己的个人风采和独特魅力。用自己的方式去诠释教学内容，加入个人的见解和思考，使说课更具个性和创意。这种个性化的展示会让说课更加吸引人，也更容易激发听众的兴趣和热情。

4. 注重互动与反馈

说课不仅仅是单向的讲述，更是与听众的互动过程。说课者应该积极与听众互动，关注他们的反应和反馈，及时调整自己的说课方式和内容。这种互动不仅能够增强说课的吸引力，还能够让说课者更加投入地讲述，展现出更多的激情。

5. 保持积极向上的态度

说课者应该保持积极向上的态度，面对挑战和困难时保持乐观和坚韧。这种态度会传递给听众一种正能量，让他们更加相信说课者的能力和热情。同时，积极向上的态度也能够激发说课者自身的潜能，让他们在说课过程中更加充满激情和动力。

6. 充分准备，自信满满

激情的展现离不开充分的准备。说课者应该提前规划好说课内容，熟悉教学流程，并进行多次模拟演练。通过充分的准备，说课者能够更加自信地面对说课过程，从而更加自如地展现出自己的激情。

在说课时充满激情需要说课者从内心深处认同教学内容、投入真挚情感、展现个人风采、注重互动与反馈、保持积极向上的态度以及充分准备。这些因素的共同作用将使说课更加生动、有力且富有感染力，从而赢得听众的认可和赞赏。

二、意志是说好课的保障

意志是人自觉地确定目的，并根据目的支配调节自己的行动克服困难、实现目的的心理过程。它对行为的支配和调节具有巨大的作用。意志在说课活动中的作用主要表现为两个方面：

（一）坚持力

坚持力也称毅力。它是指人确信行动的正确性而不懈努力，坚持到底的意志品质。坚持力的根本动力来源于人对事业的信心。说课教师坚信说课活动会给教学质量的提高带来新的活力，那么就会推动说课教师主动寻找设备、查询资料、向他人请教，使自己的说课活动获得圆满的成功。

自立性是坚持力的重要特点。自立性这里是指说课教师能独立分析情况，形成自己的说课风格，在说课中不墨守成规，坚持创新，不断地提高自己的教学水平。

（二）应变力

应变力是指人根据不同情况作非原则性变动的能力。说课是新鲜事物，教师们是在"摸着石头过河"，会有许多新的问题出现，遇到许多新的障碍，这就要求说课教师凭借自身的应变能力，及时解决问题、克服障碍。

说课既是科学，又是艺术，随机性很大。如果说课教师没有将理论与实际情况相联系的较强的应变能力，那么说课活动很容易陷入困境。再则，说课教师在说课中的角色与讲课中的角色不尽相同，这种角色的移位需要说课教师迅速地适应，因此说课教师应有意识地训练自己的应变能力。

情感与意志是人类心理活动中两个重要的组成部分。在说课中，情感和意志是相互促进的。积极的情感能够激发说课者的意志力，使其更加坚定地追求教学目标；而坚强的意志又能够帮助说课者更好地控制和管理自己的情感，使其表达更加恰当和得体。因此，说课者在说课中需要注重培养自己的情感和意志品质，以更好地应对说课过程中的各种挑战和困难，提高教学效果和学生的学习体验。

第六章　语文说课的评价

说课评价是说课活动进程中一个不可或缺的基本环节。说课为教师提升教学技能、交流教学体验提供了一个专业化成长的平台，说课活动怎样最大限度地发挥说课的功能，能否收到预期效果，产生发展性的说课效应，使说课成为智慧型教师成长的有效途径，这些都有赖于说课评价。无论是说课活动本身，还是具体的示范型说课、评比型说课、研讨型说课，都需要说课评价。

第一节　语文说课评价的概述

一、内涵

语文说课评价是对语文说课的有关信息资料进行分析，对语文说课预期实现的目标、任务、效果作出科学的判定，并进一步调控说课活动，以取得最佳说课效果的过程。

语文说课评价属于教学评价的范畴，它依据科学、先进的教学理念和教学目标，运用科学可行的方法，收集相关信息资料，对语文说课过程的诸因素进行综合、全面的价值判断，从而为语文说课调整和语文说课决策服务。语文说课评价追求对语文说课活动和语文说课本身的发展性评价，倡导主体参与式评价。

二、特点

（一）教学理念与教学思想的凸显

1. 教学理念

语文说课评价强调说课者必须突出教学理念，这是说课的灵魂。没有教学理念的说课往往显得空洞无物，缺乏深度和分量。教学理念反映了说课者对教育教学的根本看法和态度，是指导教学实践的纲领性思想。

2．教学思想

说课过程中，说课者需要清晰地诠释自己的教学思想，包括对教学任务和学情的了解和掌握，以及对教学过程的组织和策略运用的思考。这有助于听者了解说课者的教学思路和方法，评估其教学思想的科学性和合理性。

（二）教学能力的展现

1．教学设计能力

说课评价会关注说课者的教学设计能力，包括教学目标的确定、教学内容的选择和组织、教学方法的运用等。一个优秀的说课者应该能够设计出符合学生认知特点、能够激发学生学习兴趣、有效达成教学目标的教学方案。

2．教学反思能力

即时反思是说课评价中的一个重要环节。说课者需要在说课过程中或结束后，对自己的教学设计、教学过程和教学效果进行及时的反思和总结，找出存在的问题和不足，提出改进的措施和建议。这种反思能力有助于说课者不断提升自己的教学水平。

（三）教学境界的展现

1．创造性

语文教学具有创造性，说课者需要在说课过程中展现出自己对教学的独到见解和独特安排。这包括对教学环节的创新设计、教学策略的灵活运用以及对教学资源的巧妙整合等。这些创造性的表现能够体现说课者的教学境界和水平。

2．艺术性

板书设计也是说课评价中关注的一个方面。板书要体现出程序性、概括性、指导性和艺术性，既要清晰明了地展示教学内容，又要具有一定的美感和吸引力。这有助于提升说课的整体效果和艺术感染力。

（四）表达与沟通能力的考查

1．表达能力

说课评价还会关注说课者的表达能力，包括语言表达和肢体表达等。说课者需要清晰、准确、流畅地表达自己的教学思想和设计理念，同时配合适当的肢体语言来增强表达效果。

良好的表达能力有助于听者更好地理解说课内容并产生共鸣。

2. 沟通能力

说课过程中，说课者还需要与听者进行有效的沟通互动。这包括回答听者的提问、解释说明自己的教学设计思路等。良好的沟通能力有助于建立和谐的师生关系和课堂氛围，提升教学效果。

三、意义

语文说课评价的意义在于多个方面，它不仅是衡量说课者教学质量和水平的重要手段，更是促进教师专业成长、提升教学质量的有效途径。以下是语文说课评价的具体意义：

（一）衡量说课者的教学质量和水平

语文说课评价通过对说课者的教学内容、教学设计、教学方法、教学理论等方面的综合评估，能够客观地反映出说课者的教学水平和能力。这种评价不仅关注说课者是否掌握了教学的基本知识和技能，更注重其是否能够将这些知识和技能有效地应用于教学实践中，从而衡量其教学质量的高低。

（二）促进教师的专业成长

1. 提升理论水平

语文说课评价要求说课者具备一定的教育教学理论素养，这促使教师在准备说课的过程中不断学习和更新教育教学理论，提升自己的理论水平。

2. 增强实践能力

通过语文说课评价，教师可以发现自己的不足之处，明确改进的方向，从而在教学实践中不断尝试和创新，增强自己的实践能力。

3. 促进反思和总结

语文说课评价鼓励教师进行即时反思和总结，这有助于教师从自己的教学实践中发现问题、分析问题并解决问题，从而不断促进自己的专业成长。

（三）推动教学改革和创新

1. 引导教学改革方向

语文说课评价关注教师的教学理念和教学思想，这有助于引导教师关注教育教学的

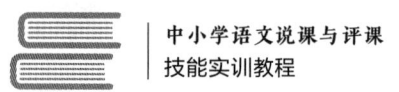

最新动态和趋势，推动教学改革向更加科学、合理的方向发展。

2．激发教学创新

语文说课评价鼓励教师在教学实践中进行创新尝试，这有助于激发教师的教学创新意识，推动教学方法和手段的不断革新。

（四）提高教育教学质量

1．优化教学设计

通过语文说课评价，教师可以发现教学设计中的不足之处，从而进行有针对性的优化和改进，提高教学设计的科学性和有效性。

2．提升教学效果

语文说课评价关注教学效果的达成情况，这促使教师在教学实践中注重教学效果的反馈和调整，从而不断提升教学效果和质量。

（五）增强教师的职业认同感和归属感

语文说课评价为教师提供了一个展示自己教学能力和成果的平台，让教师在评价过程中感受到自己的价值和贡献。这有助于增强教师的职业认同感和归属感，激发教师的工作热情和积极性。

由此可见，语文说课评价在衡量教师教学质量和水平、促进教师专业成长、推动教学改革和创新、提高教育教学质量以及增强教师职业认同感和归属感等方面都具有重要意义。因此，我们应该充分重视语文说课评价工作，不断完善评价机制和方法，以更好地发挥其积极作用。

第二节　语文说课评价的原则

一、说理性原则

说理性原则，是指在进行说课评价时，不仅要评所说的"做什么""怎么做"，更要评所说的"为什么这样做"，即注重对说课"说理性"的评价。"说理性"是说课区别于其他教研活动的重要特征之一，是智慧型教师成长的一个重要着力点，因此，"说理性"评价是说课评价中极其重要的一个方面。不论是常规的"四大块""五大块"说课模式，还是其他说课形式，其中的每一个环节都有"说理性因素"内容，教师都应该对其有一个客观、具体、恰当的评价（此为说课评价中的常规必评内容，在后文的"说课评价内容"中不再赘述）。通过评价，一方面提高教师教学理论素养；另一方面帮助教师形成正确的说课"说理性"概念，恰当地把握"说理"的尺度和技巧，追求理论与实践的最佳结合，取得较好的说课效果。

说课中切忌面面俱到，要结合有关内容，详略得当。在主要的教学环节中，突出重点、难点的地方，阐述教法、学法具体运用的地方，体现个人教学特色的地方，都可以展开说，而一般环节要简略，甚至不说。评价时，要注意纠正教师自身的认识缺陷和行为偏差，既不能盲目堆砌，哗众取宠，更不可"说做不一"，形成"两张皮"，应切实根据教材、学生及课型特点，有针对性地恰当说理，亮明思想观点。要特别注意避免贴标签的现象，比如，为了着力体现"以学生为主体"的教学思想，在说课时过多强调"让学生成为学习的主人""把课堂还给学生"之类的说法，但并不进行展开论述。说"以学生为主体"的教学思想的关键要看是否落实到行动中、如何落实到行动中。有的方法新、训练实；有的却说一套、做一套，给人一种"穿新鞋，走老路"的感觉，使说课的说理性落入俗套，流于形式，起不到应有的作用。

二、发展性原则

说课评价的目的在于通过提高说课的质量、效能为教师教学智慧的逐步生成、完善、提升服务。每位教师都有在说课过程中不断发展的内部需求和可能性，而说课评价是教师获得专业成长的重要促进力量，因此评价的目的应该是为教师提供说课和教学的信息反馈、咨询，帮助教师反思和总结自己在教育教学中的优势和薄弱之处，分析产生问题和不足的根源，探讨克服缺陷、发扬优势的措施与途径，从而不断地改进教学实践，提升专业发展水平。

发展性说课评价不仅重视教师的现在，也考虑教师的过去，更着眼于教师的未来。要根据教师过去的工作表现，确定教师未来的专业发展需求，制定教师未来的专业发展目标，指明教师未来专业发展的努力方向。因此，在说课过程中，必须树立发展性的评价观，使评价自觉地为说课水平的提高服务，有效地促进教学艺术的不断提升。要用发展的眼光对待说课评价结果，将评价结果作为未来进步与提高的起点，激励教师不断突破现状，求得发展。

发展性说课评价关注教师的个体差异。由于教师在人格、职业素养、教育教学风格、师生交往类型、兴趣特长和工作背景等方面各不相同，使得他们的发展目标、速度、轨迹都可能呈现出一定的独特性。发展性说课评价关注教师个体发展的需要，尊重和认可教师个性化的价值取向，依据教师的不同特长和需要，为每一个教师制定个性化的发展目标和评价标准，提出其专业成长的具体建议。

发展性说课评价要尊重教师本人在评价中的作用。与外在的评价者相比，教师最了解自己，最清楚自己的工作背景和工作对象，最知道自己说课的优势和不足，因此，说课评价必须充分发挥教师本人的作用，突出教师在整个评价过程中的主体作用，不仅把其看作评价对象，也将其看作评价活动的积极参与者。评价者应通过与说课者建立平等的合作伙伴关系，鼓励教师民主参与、自我评价与自我反思。在制定评价内容和评价标准时，应更多地听取教师的意见；在得出评价结论时，应鼓励教师积极开展自评和互评，通过"协商"教师在说课中存在的优势、不足和进步，尽量形成清晰一致的认识，达成评价结论；在反馈评价信息时，要与教师共同制定改进措施，以保证评价既客观、准确，又有利于说课者主动地改进和提高，还有利于淡化评价身份界限，消除对立情绪，促成人文管理与科学管理的有机统一。

发展性原则要贯彻在说课评价的全过程中，从评价的准备阶段、实施阶段一直到最后的总结、反馈阶段，要时时处处以发展性原则为指导；从说课评价目标的确立到每处评价细节的处理，应以"一切为了教师发展"为目标开展说课评价。

三、客观性原则

进行说课评价必须采取实事求是的态度，避免主观性和随意性，这是说课评价的最基本要求，也是评价功能得以发挥的基本前提。在说课评价过程中，评价者的兴趣爱好、价值观念、情感倾向等主观因素都可能对评价产生一定影响，导致评价结果的偏差和失真。只有客观公正的评价才能如实反映说课者的真实水平，肯定其成绩，指出其不足，使之心悦诚服，从而调动其参与说课的积极性，使说课评价的结论成为指导和改进说课的客观依据。否则不仅会挫伤参与者的积极性，造成不良影响，而且还可能导致说课决策的错位，造成重大工作失误。

要保证说课评价的客观性，评价标准应该是明确、具体、科学、稳定的，评价指标体系表述要明确，权重分配要恰当。评价指标应包括教学内容、教法运用、教学过程、教学效果、学习方式培养、教师教学理论素养和教学素质等多种要素，而且各要素在整体中的地位和作用要恰当分配，以助于评价者在掌握多层次、多方位资料的基础上，作出准确、全面的分析和判断。

说课评价的客观性，必须依赖于科学的评价体系和手段。在说课评价过程中，要注重量化，但也不能盲目追求量化，以免走向极端。目前，对说课效果的评价还没有很好的定量分析方法，因此应把定量分析与定性分析结合起来，从实际出发，科学地选择评价方法。

四、整体性原则

说课评价只有从全局的观点出发，整体把握说课的全貌，才能充分发挥评价的多种功能。整体性原则要求在制定和运用评价标准时，有整体观，不可片面；要充分掌握和分析全部信息，不可以偏概全。要做到全程评价、全面评价、全员评价共重，调动参与说课活动的每一位教师参与评价，从说课活动的各个方面作出整体评价。

要保证说课评价的整体性，就必须抓住评价指标的全面性，要覆盖说课方方面面的内容，同时在评价过程中要全面收集和掌握评价的信息和资料，分清主次，理性处理，从而得出正确的评价结论。

要注意把单项评价和整体性评价有机地结合起来。说课的单项评价是整体性评价的基础和手段，整体性评价是单项评价的进一步完善与拓展。整体性评价不应是单项评价的简单相加或机械拼凑，而单项评价也不应该脱离整体评价而孤立地进行。

五、可行性原则

任何方案和决策都应进行可行性研究，说课评价也不例外。要从实际出发，分析说课评价的需要与可能，评价的各种条件、情况等，如评价者的素质情况、评价的前期准备、评价的手段、评价过程中可能遇到的问题和困难、克服问题和困难的方法等。如果不注意可行性，即使是好的评价方案，也只能是坐而论道。

在保证说课评价的可行性方面，教师还应该注意说课评价的可操作性。简便、易测、适度的指标体系是可操作性的首要前提。要全面，必须突出说课评价的重点，反映主要内容，同时对有关次要内容给予必要的关注；要易测，各项评价指标就需具有可比性，便于从中区分各种不同情况；要适度，则既要联系未来教育的发展趋势，又要有合理的标高。此外，评价程序的清晰简洁、评价方法的简便易行，都是可行性评价的基本要求。

第三节　语文说课评价的内容

一、说课活动评价的内容

说课评价的对象若是说课活动，如宏观说课评价、终结性说课评价，评价的内容主要包括：说课目标的确立是否恰当、目标的构建和达成是否达到了预期效果；说课活动的组织、操作是否合理，可行性如何；说课在促进教师专业化成长方面所起的作用如何，涉及教学观念的转变、教法的灵活运用、学法培养的有效度、教学智慧的生成与提升、教学素养和技能的提高等；说课者及参与者参加说课活动的感受、体会是怎样的，从中的收获、遗憾和对说课活动的评价意见是什么；有关数据和其他信息资料的收集整理、定性分析等。

二、说课课例评价的内容

说课评价的对象若是具体的说课课例，如微观评价、形成性评价，评价内容应依据说课的内容而定。说课评价的内容和标准应与智慧型教师的成长相联系。

"新课标"下的说课研究更注意突出通过说课促进教师的专业成长。在不同的说课阶段，依据不同的说课活动目的，广大教师创造性地探索，并逐步稳定完善，形成了风格迥异、内容侧重各不相同的说课形式，不同类型说课的评价内容也因此各不相同，这里仅结合常规的说课模式，谈谈说课课例评价内容的几个方面。

（一）评教材的分析与处理

说课中的说教材主要是说所授内容的教材分析与处理。首先，这部分说课要能反映教师对教学内容的深刻理解和熟练把握，能理清知识系统，把握知识结构，对教材地位、联系、作用等方面分析透彻，合乎逻辑和学生学习需要。其次，要能从促进学生发展这一基本目标出发，恰当地制定具有可操作性的包括知识与技能、过程与方法、情感态度与价值观在内的有机融合的三维教学目标，合理地确定教学重点、难点，有独创性、有特色、有新意者更佳。最后，教师要能够根据学生的实际发展水平和特点创造性地使用教材，合理精选或调整范例和练习，使教学内容具有挑战性，能激发学生的学习兴趣和求知欲望，能引导学生积极思考，能吸引学生主动参与。

（二）评教法的选择与应用

此项评价内容不仅包括评"说教法"环节中的教法选择与依据，还扩展到"说教学程序"中教法运用的体现和落实，只有设想和应用遥相呼应，让设想在教学过程中得到检验和验证，才是经得起推敲、有实际价值的"说教法"。

评教法主要是评价教师选用的教学方法和教学手段是否科学合理、恰当灵活、讲求实效。首先，评所选教法是否符合教学内容和该年龄学生的思维特点，即选择教法的理论依据。所选教法应符合启发式原则，利于学生做课堂的主体，成为学习的主人，依据教法合理优化组合原则，需重视各种教法的取长补短、有机结合，要讲求实际效果。其次，要看教法的运用是否灵活恰当，启发引导是否得当，能否激发学生积极思维，是否有利于学生思维能力、动手操作能力、探索解决实际问题的能力以及语言表达能力的培养。最后，要看教法能否充分发扬教学民主，为学生质疑、发表独立意见提供条件和机会。

（三）评学习方式的培养与指导

教学的最终目的是让学生学会学习。因此，在教学中对学生进行有效的学法指导，使学生养成良好的学习习惯，形成满足进一步学习需要的学习方式尤为重要。学习方式的培养有赖于对现代学生观的正确认识，只有认识到学生是发展的人、独特的人、教学认知的主体，才能处理好主体参与自主学习、合作交流与独立思考之间的关系，才能成为有利于学生发展的导师。

此环节的说课评价，主要评价说课者学法指导和学习方式培养的实效性、科学性及隐含其中的发展因素。要看教师能否针对教材内容特点、学生学习实际，结合所选教法有目的、有计划、旗帜鲜明地培养学生相应的学习方法、思维能力；能否在说教学程序中，反映出对学法的有效指导，使学生在具体的学习情境中，获得选择和运用恰当的学习方法进行有效学习的能力；能否在学法指导中，恰当地处理面向全体与因材施教的关系，使不同程度的学生都能在原有的基础上，在学习能力、学习习惯和学习兴趣各方面皆获得不同程度的提升。其中，要特别注意对"新课标"理念下学习方式转变的支持和落实，注重学生在学习过程中的活动、操作、质疑、表达和经历，注重合作交流方式指导下的探究性学习能力的培养。

（四）评教学过程的设计与实施

评教学过程主要是评价教学过程是否紧扣教学目标，教学步骤安排是否合理，课堂教学组织是否严密、高效。它是说课评价的核心内容。

首先，要看教学过程是否在教师有目的、有计划、有步骤的组织下紧紧围绕教学目标有序地展开；要看各教学环节是否联系紧密、过渡自然，组成一个使学生获取知识、培养能力、促进个性发展的整体结构；要看教师在课堂教学中对课堂氛围营造的技能及课堂教学节奏的控制技能。

其次，要看课堂教学是否突出重点、分散难点、抓住关键；要看为学生提供主动参与的时间和空间是否充分；要看信息渠道是否畅通，反馈是否及时；还要看在言谈话语之中，流露出来的对学生和学生主体的态度，以及教师是否是学生学习的引导者、参与者、合作者。

最后，要看如此设计教学过程的理论依据是否正确、恰当，是否能把选用的教法和指导学生的学法巧妙地运用于教学过程中，使教与学的过程成为一个教师引导下的学生在内部和外部活动基础上自主构建知识的有机整体。

（五）评教师的教学素养与说课效果

教学素养高低是课堂教学质量高低的决定性因素。没有较高的教学素养，即使教学目标再合理，教学内容再科学，教学手段再先进，也无法达到高质量的课堂教学。教师的教学素养，通过教学基本功在说课过程中直接体现，教师的说课效果通过说课完成的整体情况来展现。

1. 评价教师的教学素养

首先，要看教师的教态、仪表、语言、板书是否达到一定的标准，教师是否具有较强的课堂驾驭能力，能否预测性地根据课堂上不同的情况调节教学节奏，表现出较强的课堂应变能力。其次，要看教师的教学理念是否先进，专业知识是否扎实广博，尤其要看教育教学理论水平的高低。最后，要看教师能否在说课中表现出某些特色，体现独特的教学风格。

2. 评价教师的说课效果

将说课完成的整体情况与预期说课目标相对比，以达到目标的效果、程度来衡量说课。评说课效果，要站在整体的高度看说课，要区别对待说课中的主要因素与次要因素，在说课目标的指导下，恰当而有效地发挥评价的导向功能。

第四节　语文说课评价的方法

说课评价的方法就是为达到说课评价的目的而采用的方法和手段，其实质是将说课的实际表现与预定目标加以比较、判断的方法和手段，是进行说课评价的必要组成部分，是做好说课评价的有力保证。

一、调查评价法

调查评价法是通过谈话、问卷、自我汇报、资料收集等方式获取有关说课信息资料而进行评价的一种方法。因为说课评价涉及教师教学的方方面面，涉及问题多，需要信息资料多，所以大量的评价信息要运用调查法来收集。调查评价法的使用更侧重于诊断性评价和终结性评价。

调查方式包括谈话法、问卷法、自我汇报、资料收集等多种形式。其中谈话法是通过评价者与说课者面对面地交流来获取评价信息的方式；问卷法是根据评价指标的要求，设计问卷测试题，请说课参与者在正常状态下、规定时间内完成，从而完成评价信息的收集；自我汇报是为了全面地了解情况，通过听取学校领导或说课者的汇报而获取信息的方法；资料收集则是评价者在说课活动的前、中、后，有意识地收集与说课评价有关的多方面信息，以达到准确、全面、客观评价说课的目的。

调查评价法更适合于宏观说课评价和说课的诊断性、总结性评价。

二、量化评价法

量化评价法是指评价者用分数量化说课评价结果的方法，属于说课硬评价范畴。根据评价的基本原则，将说课评价的全部内容分解为若干项目，并拟定评价标准，规定各评价项目的权重，评价者依据评价标准对各个项目逐一进行评分，然后将各项得分加起来得到被评价者的说课总分，再用这一分数对该说课作出某种评价或判断。这种方法简便易行，并且具有可比性、区分度，如果能降低和控制评价的主观性和随意性，会有较强的说服力。但在影响说课的诸多因素中，有些因素可以量化，有些因素不能量化或不便量化，需要与其他方法配合使用。

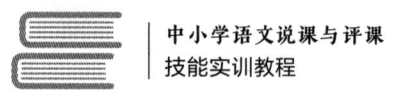

三、质性评价法

说课的质性评价，是指根据一定的说课目标、教学理念，对教师说课情况进行定性分析，进而评定其说课质量高低的一种评价方法，属于说课软评价范畴，主要有等级评价法和评语评价法两种。

（一）等级评价法

等级评价法就是用特定的等级评价说课的方法。常采用优、良、中、差；一等、二等、三等；合格、不合格等层次。等级评价法的优势是层次分明，利于整体把握，便于评价者掌握，缺点是评价结果比较粗略，不够精细，不易区分各个被评价者的差别，区分度低。最好能与量化评价结合使用。

（二）评语评价法

评语评价法就是用评语来评价说课成绩的方法。一般由评价者对说课的优缺点进行全面、简要、重点突出的定性分析，在与说课者交流、听取自评意见的基础上写出评语。

这种方法的最大优点是能直接具体地指明说课的优缺点和努力方向，能取得用分数和等级评价无法达到的效果，对说课者进一步提高说课水平具有重要的指导意义，利于发展性评价功能的发挥。但评价结果的等级和差距不易显示。若能与量化评价相结合，效果更佳。

四、绝对评价、相对评价和个体差异评价法

有时根据评价的需要，可以将评价对象的说课情况与某一说课标准水平相比较，从而实现不同的评价目的。若此说课标准水平在被评价对象之外，称之为"绝对评价"；若说课标准是被评价对象中的某一个，称之为"相对评价"；如果将被评价者当前的说课与以往的说课相比较，则称之为"个体差异评价"。

此三种方法，各有各的应用范围和条件，如为了鉴别说课目标是否达到，宜用绝对评价法；为了选拔优秀，宜用相对评价法；为了调动积极性，明确说课者成长经历，宜用个体差异评价法。

第五节　语文说课评价的实施和管理

一、说课评价的实施

在了解说课评价的意义、原则和内容的基础上，为完成说课评价任务，需要有组织、有计划地实施说课评价。评价的类型不同，选定的评价方法不同，说课评价的实施也有所不同，这里结合具体课例的说课评价谈一谈说课评价的一般步骤。

（一）说课评价的准备

1. 评价者的思想认识及方法准备

为使说课评价能够顺利进行并取得良好效果，必须明确评价的目的和要求是什么。由于说课评价是根据前述说课评价的目的，对说课的成效进行衡量和评定的过程，只有目的和要求非常明确，才能正确地进行评价，才能发挥其应有的作用。

为此，有必要在开始前召开专门的说课评委会会议，组织全体成员对说课评价的相关方面进行学习、讨论、酝酿、完善，统一思想认识，了解说课评价的总体目标要求及体现各学科说课特点的不同要求，并掌握评价、记分的技术方法。通过评价前的讨论和演练，评价者要做好充分的思想认识准备和必要的评价技能准备。

2. 评价标准的制定

说课评价标准和评价指标体系的制定和把握是对整个说课评价具有实质性和关键性的一个步骤，也是说课评价准备中最重要的内容。要使说课评价成为科学、客观、公正的评价，必须依据科学的评价标准。

如无科学的评价标准，或不能很好地掌握和运用，就会使说课评价产生偏离，出现随意性，严重影响说课评价的质量，因此必须充分重视说课评价标准和评价指标体系。说课评价标准的制定要根据说课评价的基本原则，将说课评价内容作出整体安排，通过调查研究、分析综合、分类筛选，最后拟定出评价指标。评价说课的指标体系一般包括评价的内容、具体的评价指标、评价的等级或得分三个方面。

现将×××中学教师说课评比的评价标准列举如表 1-6-1 所示。

表 1-6-1　×××中学教师说课评比的评价标准

评价项目	权重	评价内容	评价结果				得分
			A	B	C	D	
说教材	20%	1. 准确地阐述本课在教材中的编写意图、地位及作用。 2. 教学目标确定表述全面、准确，符合《义务教育语文课程标准（2022年版）》和《普通高中语文课程标准（2017年版2020年修订）》要求和学生实际，并能说出依据。 3. 教学重点、难点把握准确，教材处理恰当，回归语文本色。					
说教法学法	20%	1. 能说清教法的选择及其理论依据，教法能体现以学生为主体，符合课程理念，有利于落实教学目标。 2. 能说清学法指导的重点及依据，重视学习方法的指导、学习习惯的培养和学习能力的提高，体现语文核心素养的培养。 3. 科学合理使用教学手段，符合学生基础和认知规律。					
说教学过程	40%	1. 体现语文学科特点，突出学生主体地位，教学思路清晰，循序渐进。 2. 课堂教学结构设计合理，教学环节分配合理，衔接自然，简洁实用。 3. 正确处理教与学的关系，课堂教学活动突出学生主体性及多向互动。 4. 突出重点、难点的有效解决过程。 5. 合理设计教学反馈环节，预估课堂教学效果。 6. 教学多媒体运用适时、适度、高效。 7. 教学呈现个性与风格，有特色，富有创意。					
教师基本素养	20%	1. 普通话标准，语言简练，逻辑性强。 2. 仪表端庄、稳重，教态自然大方，富有感染力。 3. 语文专业知识掌握准确，运用恰当。 4. 板书设计合理，有层次，突出重点，字迹工整、准确、美观。					
总分							

（二）说课评价原始信息的收集

说课评价进入实质性实施阶段之后，要进行的是原始评价信息的收集工作。原始评价信息的收集是实施说课评价过程的关键环节，它的有效、客观进行，直接决定着评价的成败和结果。

听说课时，评价者要认真做好听课记录。记录内容主要包括：说课评价指标体系中的评价内容和评价标准在此教师说课中的具体反映和体现程度、对说课的整体印象和在此过程中的随机感受及点评意见。与此同时，对照评价的内容和标准，在说课评价表上逐项确定等次，完成原始说课信息数据的收集。

（三）说课评价信息的分析、整理

1. 计算得分，确定等级

根据说课评价表上记录的各评价指标格次，由评价格次对应的权重与该项赋予的分值相乘，得出各项分值，再由各项分值相加得出总分。

根据需要，总分亦可转化为评价等级，如85～100分为优秀；75～85分为良好；60～75分为合格；60分以下为不合格等。

2. 定性定量分析相结合，给出评语

根据量化评价与定性评价相结合的原则，除了进行以上的量化评价外，还要进行定性评价。根据评价原始信息收集阶段记录自己的说课情况，结合量化结果，进行详细、系统的信息分析、整理、概括和提升。可采取评委充分讨论、相互交流的方式各抒己见，形成对此教师说课的一个倾向性的评价。在评委与说课者的座谈交流中，边听取说课者的自评意见，边针对说课的优缺点进行全面而扼要的定性分析评价，肯定成绩，指明努力方向。

采取这样平等、互动式的评价、反馈方式，一方面使说课者更易于接受和理解评价结果；一方面可以加强参与者对自身优缺点的认识，利于他们的自我分析、自我反思，便于他们的改进和发展，使说课评价的发展性功能发挥得更加充分。

二、说课评价的管理

（一）"善"用说课评价，营造良好氛围

说课为教师提供了一个充分展示自我、张扬个性，有效地进行教学交流的平台。教师在进行说课评价管理时，一方面要充分运用发展性评价，帮助教师形成教学智慧、提

高教学能力；另一方面要恰当运用评价的激励功能，以适度而有效的激励措施，鼓励教师积极参与说课活动，深入进行说课研究，以业务指路和情感投入代替严格的控制管理，使说课成为教师乐于参加的教研活动。因此，在进行说课评价时，有三个支撑点：

第一，以说课自身在帮助教师专业成长方面的独特魅力来吸引教师。

第二，说课内容与形式的不拘一格与教师的需要相得益彰，赢得教师的偏爱。

第三，教学竞争、评比等因素使教师需要说课。

说课使教师脱离了传统的枯燥、无序的业务学习氛围，为教师们提供了一种方式灵活、操作简易、程序简洁、贴近教学的教研方式，使教师得以和一些教育专家、众多优秀教师在一种思维活跃、形式简洁的活动中，以相互间的交流、沟通为主要形式进行教学研讨，从而在和专家、优秀的同行之间进行平等的座谈与讨论中，明确自己的所思、所想、所疑、所惑。

对于深得说课益处的广大教师来说，这不是一场紧张的竞赛和评比，而是一次难得的学习和提高的机会，专题研讨与课稿交流并行，思想交流与教学智慧不时闪现，参与者们共同切磋，共同提高，一起成长。

（二）慎用说课评价，勿唯"赛"是从

说课活动以其易于操作、利于教研、贴近教学的特点，成为当前中小学教研活动中的常规活动。近年来，许多地方教育部门和学校，出于考查教师综合素质的目的，将说课纳入各级各类赛教活动中，将其作为考查教师素质、丰富赛教形式的一种重要手段。这对提高教师对说课学习的重视，鼓励教师积极投身于说课研究有一定促进作用，也为教育管理者考查教师素质提供了一种良好的方式。

但在说课评价操作中，一定要有灵活且逐步深入、提升的说课评价目标，不能一成不变，僵化停滞。在评价内容上要鼓励说课内容与形式的创新和发展，让灵活多样、丰富多彩的说课内容、形式始终为教师的专业化发展服务。

如果评价目标、评价内容死板僵化，特别是长期硬性地规定、设置一些套路式的说课模式来组织说课活动和说课评比，就会使教师对说课的探索与研究产生唯"赛"是从的倾向，使说课活动本来的"心中所想，畅所欲言"的"说"之精神在僵化的评价过程中被生搬硬套的"理论与文字撰写"所取代，会使教师对说课产生畏难、抵触甚至排斥的情绪，直接带来评价的负面效应。

应该看到，无论任何时候，任何评价都会成为其活动进一步开展的指挥棒。因此，无论是教育教学工作的管理者，还是各级各类教学竞赛活动的组织者，都应随时反思和

调整说课评价目标,加强对说课本质的再认识,慎用说课评价,勿唯"赛"是从。

(三)说课评比非主体,日常教研是重点

说课是什么?在部分教师和教学管理人员的印象中,说课是说课评比,是说课展示。如果是这样的话,有这样观念的教师就出现了认识偏差。说课评比不是说课活动的主体,更不是说课活动的全部。说课是教师进行业务交流、促进自身提高与进步的最平常、最常规,也是教师最经常参加、乐于参加的教研活动形式,其活动重点应该是平时的教研组活动,评比、展示只是推广应用的有效手段。

"新课标"要求建立和完善以校为本的教研活动制度,教师应充分认识说课在校本教研中的地位和作用,积极探讨其组织操作形式。以说课为纽带,以教研活动为阵地,以教师的科研意识和教学反思为基本保证,扎扎实实地搞好校本教学研究。

建立以校本说课为主要内容的校本教研制度,应成为说课研究和说课发展的一次创新和突破。在校本教研制度起步的今天,可适当加强环节、片段、单项或反思说课比例,如说教学情境的创设、说导语、说板书、说重难点、说探究性学习策略的实施、说某节课中新理念的体现,等等。只有将说课与学科教研组活动有机紧密地结合,才能使说课更直接地服务于教学效率的提高,服务于教师课堂教学基本素质和能力的提高,成为智慧型教师成长的有效途径。

第七章 语文说课的艺术风格

说课艺术风格指优秀教师在说课艺术实践中表现出来的独具特色的说课风貌,是说课艺术的普遍规律与教师个性特征稳定、有机的结合。说课艺术风格的形成标志着一名教师的说课艺术走向成熟。

第一节 语文说课艺术风格的特点

教师只有在说课实践中善于学习、善于总结,才可能形成独具特色的说课艺术风格。因此,语文说课的艺术风格应具有以下几个特点。

一、独特性

说课艺术风格是教师本人的风格在说课中的反映。每个教师在思想观念、文化修养、审美情趣、说课经验、性情习惯、气质风貌等方面都具有自己的特点。这些特点决定了说课艺术风格的独特性。例如,在说课内容的处理上,有的教师善于归纳概括,有的教师则长于演绎分析;有的以点带面,重点突破,有的化零为整,总体把握。同样的说课内容,由说课艺术风格不同的教师处理,结果大相径庭,然而又各有千秋,各具特色。再如从说课语言表达的方式上,有的教师语言富于逻辑性,论证有力;有的语言富于感染力,声情并茂;有的语言诙谐幽默,引人入胜。

二、稳定性

说课艺术风格是教师说课艺术走向成熟的基本标志。任何成熟的事物都是相对稳定的,说课艺术风格也不例外。在长期的实践和探索中,一位教师的教学思想、教学技巧以及教学风度在说课实践中逐渐趋于一体,并相互关联,构成一个稳定的系统结构,即说课艺术风格。

在这种系统结构的支配下,教师根据具体的说课内容和要求,创造性地设计不同的说课方案,并参与到说课实践中。虽然每次说课的具体内容千差万别,但是"万变不离其宗",都建立在教师的整体说课艺术基础之上。如果教师的说课艺术风格缺乏稳定性,天天花样翻新,那就只能说明他的说课艺术风格还未成熟。说课艺术风格的稳定是指教师说课总体格调的稳定,具体的说课方式方法则要随着说课内容的改变而改变。

三、发展性

教师说课艺术风格在相对稳定的基础上不断向前发展。随着教师自身阅历和说课经验的积累,说课艺术风格也在不停地发展,只有那些敢于突破自身、勇于完善的说课艺术风格,才能保持长久的生命力和艺术魅力;只有那些不畏艰难、勤于探索的教师,才能拥有属于自己的说课艺术风格。

当今时代已经进入知识经济时代,社会各方面都在面临着重大而迅速的变革,这一切都对教育提出了越来越高的要求。教师只有具备了充满生机与活力的、不断自我超越的说课艺术风格,才能不断提高自身适应社会、应对挑战的能力。

四、人文性

语文教师作为传承和弘扬中华文化的使者,其说课艺术风格往往蕴含着深厚的文化底蕴和人文素养。他们能够在说课中融入丰富的历史文化知识和人文精神,引导学生领略中华文化的博大精深和独特魅力。同时,他们还能够通过自身的言行举止和人格魅力,传递积极向上的人生价值观和社会责任感。

第二节 语文说课艺术风格的类型

语文说课的艺术风格多种多样,每位教师都可能根据自己的教学理念、个性特点以及学生的实际情况,形成独具特色的说课风格。以下是一些常见的语文说课艺术风格。

一、情感渲染型

情感渲染型说课风格注重情感的表达和渲染，教师能够深入挖掘文本中的情感元素，通过富有感染力的语言和生动的表达，引导学生与文本产生情感共鸣。这种风格能够激发学生的学习兴趣，增强他们对文本的理解和感受。

二、理性分析型

理性分析型说课风格强调对文本内容的深入剖析和理性思考。教师在说课时注重条理的清晰、逻辑的严密，通过层层递进的讲解和推理，帮助学生理清文本的结构和思路，掌握核心知识点。这种风格适合那些需要深入理解和分析的文本内容。

三、幽默风趣型

幽默风趣型说课风格以轻松幽默的语言为特点，教师能够巧妙地运用笑话、比喻等手法，使课堂氛围变得轻松愉快。这种风格能够吸引学生的注意力，缓解学习压力，提高学生的学习兴趣和参与度。

四、创新探索型

创新探索型说课风格强调教学的创新性和探索性。教师在说课时注重引入新的教学理念和方法，鼓励学生进行主动探索和思考。他们可能会采用项目式学习、翻转课堂等新型教学模式，以激发学生的学习兴趣和创造力。

五、文化传承型

文化传承型说课风格注重语文学科的文化内涵和人文精神。教师在说课时会深入挖掘文本中的文化元素和人文精神，引导学生感受中华文化的博大精深和独特魅力。这种风格能够培养学生的文化自觉和文化自信，提高他们的文化素养。

六、互动参与型

互动参与型说课风格强调师生之间的互动和交流。教师在说课时注重学生的参与和反馈，通过提问、讨论、角色扮演等方式，引导学生积极参与课堂活动，表达自己的观点和感受。这种风格能够激发学生的学习兴趣和积极性，培养他们的独立思考和口头表达能力。

另外，需要注意的是，以上类型并不是孤立的，一位优秀的语文教师可能会根据教学内容、学生特点以及个人教学风格等因素，灵活选择和运用不同的说课风格。同时，说课风格也不是一成不变的，随着教学实践的不断深入和反思，教师的说课风格也会逐渐完善和发展。

第八章　语文说课案例

【案例一】小说说课案例

《变色龙》说课稿[①]

一、说教材

《变色龙》是人教版九年级下学期小说单元中的一篇课文，精短的篇幅中蕴含着深刻的思想和艺术内涵。课文通过警官奥楚蔑洛夫在处理狗咬人案件中反复无常的变化，塑造了一个瞒上欺下、见风使舵的沙皇走狗形象，巧妙揭示了俄国警察统治的反动和黑暗。

二、说学情

本文的学习对象是九年级的学生，经过九年级上册小说单元的学习，他们对小说已有一定的感知、欣赏能力，能够自主梳理小说情节，理解小说所塑造的人物性格，对运用动作、神态、对话来塑造小说的情节有浓厚的兴趣，并能依据文本评议小说中的人物。

三、说教学目标

（1）把握小说的故事情节，理解人物形象及小说主题。
（2）学习小说通过语言、动作、神态等来塑造人物性格的方法。
（3）认识沙皇警察统治的腐朽黑暗，培养学生做一个正直的人。

---

① 该说课稿来自：西昌阳光学校倪海燕。

四、说教学重难点

(1) 教学重点:引导学生从对话描写中领会主人公奥楚蔑洛夫的性格特征。
(2) 教学难点:理解小说的主题,掌握欣赏小说的方法。

五、说教学方法

小组合作探究法、诵读法、情境教学法。

六、说教学过程

(一) 导入新课

自然界中有一种蜥蜴,皮肤的颜色会随着环境颜色的改变而变化,今天,同学们也尝试不断地改变自己的角色,在别人的故事里旅行,相信会有特别的收获。

【设计意图】 在这一环节,通过这种新颖别致的导入方式激发学生浓厚的兴趣,调动学生学习的积极性,学生的兴致大增,为这堂课赢得了一个好的开端。

(二) 整体感知

(1) 初读课文,感知文意。听课文朗读录音,扫除字词障碍。
(2) 分角色朗读,体会人物的情感。学生以小组为单位,选择角色,朗读全文,并进行展示。其他学生作为评委,从字音、流利度、情感、语气等方面,评价朗读的优劣。通过分角色朗读,调动学生参与的积极性,同时,感受小说情节的发展,品味小说的语言,加深对课文内容的理解。

【设计意图】 设计这一环节,主要是让学生整体感知课文,熟悉小说情节,同时培养学生梳理、概括、提炼信息的能力,使其掌握"圈点、批注"的阅读方法,以判决书的形式出现,主要是激发学生兴趣,调动其积极性。

(三) 深入研读:谈发现,畅所欲言

教师过渡:同样的一个案件,判决结果却一次次大相径庭,你有何感想?请用一两句话说说你的感受。

学习流程:学生交流,自由发言。

学生发言：

生1：从这份判决书中，我发现了奥楚蔑洛夫在处理这件案子时作出了六次判决。

生2：我觉得奥楚蔑洛夫审案不是根据事实而是根据狗主人的身份。

生3：虽然警官判定的结果完全相反，但他始终在讨好上级、欺压下级。

生4：这个警官就是一个瞒上欺下、见风使舵的走狗。

教师小结，导出板书。

【设计意图】 设计这一环节，主要是让学生进一步熟悉情节，初步感知人物的性格特征，设计的问题较开放，可深可浅，让学生都有参与的机会，让学生真正成为课堂的主人。

教师过渡：下面，让我们跨越时空隧道，来到19世纪的俄国，来到事发现场，作为一名记者，进行现场采访。

（1）请各位记者选好采访对象，设计好采访的问题，准备进行现场采访。

（2）记者进行现场采访。

学生采访：

记者1：请问赫留金，你对这次审判有何感想？

赫留金：对于这次审判，我非常不满，这对我太不公平了……这位审判长太是非不分了。

记者2：请问审判长，你为何要反复改变审判结果？

审判长：说心里话，我也想秉公执法，我也想做一名公正的审判长，但为了生存，我不得不用人格和尊严来换取生存的空间，我也得养家糊口啊！

（3）如果学生没提出带全局性的主要问题，教师可以接着采访。最后归纳出小说的主旨：《变色龙》通过对见风使舵、瞒上欺下的警官奥楚蔑洛夫这个沙皇专制统治的忠实走狗的刻画，巧妙地揭示了俄国警察统治的反动和黑暗。

【设计意图】 这一环节模拟现场采访的情境，打破传统的固有的组织形式，使教学形成一种开放体系，让学生在民主的气氛中讨论交流，巧妙地揭示小说主题，突破难点。

（四）拓展延伸

同学们，契诃夫用漫画式的写法塑造了鲜活的变色龙形象，让我们惊叹于小说构思的精妙，在精短的篇幅中蕴含着深刻的思想和艺术内涵，值得我们细细品味。反观现实，类似善变的后果则会是人际交往的荒漠，所以真诚友善才应是我们处事待人的原则。

（五）小结作业

纷繁复杂的世态给了你了解社会、关照人生的思考与启迪，请构思一篇小小说，以你的独特视角去展现现代社会的横断面。要求立意自定，文题自拟。

【案例二】 诗歌说课案例

《童年的水墨画》说课稿[①]

一、说教材

《童年的水墨画》是人教版三年级下册第六单元的一组儿童诗，以跳跃的镜头捕捉了乡村儿童生活的典型场景：孩子们或是呼朋引伴去溪边钓鱼、去江上游泳，或是到林中采摘带着雨珠的小蘑菇，尽情享受着童年生活的快乐。诗的语言生动活泼，感情直率明朗，融童心、童趣于一体，多角度地展现了儿童生活的丰富多彩及无穷趣味。中国的水墨画，写意而不写实，用笔往往简约、凝练，课文以"童年的水墨画"为题，并且本课的每一首诗也都符合水墨画的特征，寥寥数笔就勾勒出一幅幅儿童生活的欢乐画卷，诗中有画，令人回味无穷。

二、说学情

三年级学生已有一定的儿童诗阅读经验，能读出诗的节奏和韵律，能初步读懂诗歌所表达的意思。本课的重点是引导学生运用多种方法理解难懂的诗句。

诗中所描写的乡村生活和我们现在学生的生活有一定的差距。学生缺少体验，我们将通过边读边想象，拉近文本与学生的距离。

[①] 该说课稿来自：西昌市第四小学赵友坤。

三、说教学目标

（1）运用"联系上下文，联系生活实际"的方法理解难懂的词语和句子。

（2）能有感情地朗读诗歌，想象诗歌描绘的意境，感受童年幸福快乐的生活和美好的愿望。

（3）激发学生读儿童诗和写儿童诗的兴趣。

四、说教学重难点

（1）教学重点：运用"联系上下文，联系生活实际"的方法理解难懂的词语和句子，如：从"染"字体会溪水的绿；从"蹦跳"一词体会儿童钓鱼的欢乐；比较小蘑菇和儿童的相似之处，体会采蘑菇儿童的可爱。有感情地朗读诗歌，想象画面。

（2）教学难点：试写儿童诗。

五、说教学方法

（1）情境教学法：通过图片营造童年生活的情境，帮助学生更好地理解课文。

（2）互动教学法：引导学生参与课堂讨论，主动入情入境表演。

以学定教、以人为本、以读代讲。主要采用品析词句、朗读感悟、读写结合等方法。

六、说教学过程

（一）导入

同学们呀，美好的童年是一幅画，画里有我们五彩的生活，童年是一个梦，梦里有我们的想象和憧憬，今天我们就来学习《童年的水墨画》，分享童年的快乐！

（二）介绍作者

（三）了解什么是水墨画

（四）整体感知

（1）读诗，注意读准字音，读通句子。

（2）你能告诉我这首诗包含哪三首小诗吗？每首诗的题目有什么特点？

（3）默读思考，小朋友们分别在这三个地方干什么呢？

（五）精读品析

1. 学习《溪边》

（1）今天我们就先来到小溪边看一看吧。请同学们齐读《溪边》。

（2）请同学们小组交流。溪边描写了哪些景物？

（3）你怎么理解"垂柳把溪水当作梳妆的镜子"这句话呢？（抓住修辞手法来品析）

（4）学生齐读"人影给溪水染绿了"。

你怎么理解这句话呢？请联系上下文理解。

（5）为什么说"草地上蹦跳着鱼儿和笑声"呢？

是啊，这是为什么呢？大多数学生可能不明白。

老师点拨：我们如果联系上文读一读，也许某个词语或者某个句子会给你灵感呢！自己试着联系上文读一读，思考一下。

生：老师，我从这句话"钓竿上立着一只红蜻蜓"知道一个小孩在这里钓鱼，从"忽然扑腾一声人影碎了"知道小孩钓上鱼来了，特别高兴。所以"草地上蹦跳着鱼儿和笑声"。

（6）老师示范朗读，学生闭眼想象画面。

2. 学习《江中》

（1）如果说《溪边》是一幅动静结合的画作，那么《江上》就是一幅活脱脱的动态图画了。读过之后，你仿佛能看到怎样的画面呢？想象一下，孩子们会怎样戏水？你仿佛还听见了什么？（引导学生领略儿童的游泳水平之高，感受他们戏水的快乐。）

（2）重点抓住"扇、拍、拨、溅"这几个动词让学生边朗读边做动作表演，体会戏水的快乐。

（3）理解"水葫芦""银牙"在这里指的是什么。

（4）有感情地朗读。读出儿童戏水的快乐。

3. 学习《林中》

（1）总结学法：刚才大家运用什么方法学习了前两小节？

读诗，找到不理解的地方，运用联系上下文、联系生活经验、联系学过的知识等方法读懂。

（2）请大家利用刚才学过的方法继续学习《林中》。

（3）交流：文中有两个斗笠，"小蘑菇钻出泥土戴一顶斗笠"和"只见松林里一个个斗笠像蘑菇一样",意思一样吗?

生畅所欲言:第一个斗笠指"蘑菇",第二个斗笠指"儿童"。

(4)小蘑菇和儿童有什么相似之处呢?

(都戴着斗笠,很可爱。)除了可爱,还能读出什么呢?(儿童的欢乐。)在哪里能读出来?

(5)谁给大家读一读,读出儿童的可爱和欢乐。齐读并想象,你仿佛看到了怎样的一幅画面?

4. 小结

说说《童年的水墨画》描写了怎样的画面?你能从中感受到什么?

(六)动笔仿诗,抒发情感

1. 诗里用优美的语言向我们展示了童年生活的欢乐片断,你的童年生活一定更有趣味。说说童年生活的欢乐片断还可能发生在哪些地方?

2. 续编诗歌的第四小节,体现儿童的欢乐。

七、说板书设计

板书设计

溪边——钓鱼的孩子——快乐
江上——戏水的孩子——调皮
林中——欢叫的孩子——兴奋

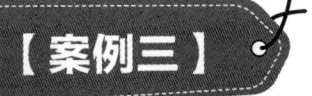 **散文说课案例**

《麻雀》说课稿[①]

一、说教材

《麻雀》是人教版四年级上册第五单元的一篇精读课文,课文主要讲了"我"打猎归来途中,看到一只老麻雀挡在猎狗面前奋不顾身地保护小麻雀的故事。课文描写了"猎狗""小麻雀""老麻雀"三者之间的交锋,按事情发展的顺序,把起因、经过、结果交代得很清楚。事情的起因是猎狗要吃掉小麻雀,经过是老麻雀奋不顾身地保护小麻雀,结果是猎狗被老麻雀的勇气震撼而退缩。本单元的语文要素是"了解作者是怎样把一件事情写清楚的;写一件事,把事情写清楚",着眼的是学生基本习作能力的培养,本课又是本单元的第一课,目的是让学生理清写作顺序,把事情的起因、经过、结果交代清楚,通过从读悟写、读写结合的训练,提高学生的书面表达能力。

二、说学情

这一学段的学生思维活跃,已经具备了初步阅读理解的能力,而且上一个单元学生已经多次接触到了故事的起因、经过、结果三要素,但是他们对于文章语言的分析和感受能力仍有欠缺。因此,需要教师在教学过程中通过启发引导和情境教学等方式帮助学生深入理解文章内容。

三、说教学目标

(1)理清写作顺序,能说出课文围绕麻雀写了一件什么事,知道事情的起因、经过和结果。

(2)了解作者把事情写清楚的写作方法,学习作者怎样描写看到的、听到的、想到的事物。

[①] 该说课稿来自:西昌航天学校刘少芬。

四、说教学重难点

（1）教学重点：理解课文内容，理清故事的起因、经过、结果。

（2）教学难点：体会作者是如何把事情写清楚的，感受母爱的伟大。

五、说教学方法

勾画法、小组合作探究法、表演法、感悟法。

六、说教学过程

（一）导入新课

教师播放一些关于动物的声音让学生猜动物，当猜到麻雀后让学生说说麻雀给自己留下了怎样的印象，从而导入新课的学习，也为后面展现老麻雀奋不顾身、伟大的形象做铺垫。

【设计意图】 在这一环节，老师通过播放动物的声音能快速吸引学生的注意力，为上课做准备，同时让学生畅谈对麻雀的印象，调动了学生学习的积极性，也为后面感知老麻雀英勇无畏的形象做了很好的铺垫。

（二）整体感知

（1）初读课文，感知文意，概括文章主要内容。

（2）快速默读课文，结合课文内容找一找，故事的起因、经过、结果分别是什么？

起因：猎狗要吃掉小麻雀。

经过：老麻雀奋不顾身地保护小麻雀。

结果：猎狗被老麻雀的勇气震撼而退缩。

【设计意图】 设计这一环节，主要是锻炼学生归纳整理信息的能力，整体把握文章内容，理清事情的起因、经过、结果。

（三）深入研读

1. 勾画关键语句，感受小麻雀的无助

教师过渡：同学们对文章内容把握得很准确，在你们眼中这是一只怎样的小麻雀呢？你们是从哪里看出来的？

学习流程：学生快速读描写小麻雀的段落，并勾画重要词句。

学生发言：

生1：它是弱小的，也是无助的。

生2："呆呆地""无可奈何"这两个词都说明了小麻雀很可怜，很无助。

生3："它嘴角嫩黄，头上长着绒毛，分明是刚出生不久，从巢里掉下来的。"说明小麻雀刚出身不久，还不会飞，非常弱小。

教师过渡：同学们，你们的分析都是有理有据的，老师非常赞同你们的说法，小麻雀的形象是作者把自己看见的情形和小麻雀的外貌直接描写出来后让我们感受到的，所以作者是通过写自己"看到的"来把事情写清楚的。

【设计意图】 设计这一环节，主要是让学生学会抓住关键词句体会小麻雀的形象，理解作者是通过写自己"看到的"来把事情写清楚的。

2. 探究猎狗的凶恶

教师过渡：是啊，小麻雀如此弱小、可怜，但是猎狗有没有打算放过它呢？你从哪些词可以看出这是一只怎样的猎狗？

生1：猎狗想吃掉小麻雀。

生2：这是一只凶恶的猎狗。

生3："走""嗅""张开""露出"这几个动词都展现了猎狗的凶恶，它非常想吃掉小麻雀。

老师创设情境：是啊。小麻雀在猎狗面前是如此不堪一击，如果现场只有小麻雀和猎狗的话，我想小麻雀一定是必死无疑的。

【设计意图】 这一环节的设计不仅让学生体会到了猎狗的凶恶，更再次让学生明白作者是通过写自己看到的事物来把事情写清楚的。

3. 观老麻雀和猎狗的搏斗

教师过渡：在这生死攸关的时刻谁出现了？它又是怎么做的？

生1：突然，一只老麻雀从树上飞下来，像一块石头似的落在猎狗面前。它挓挲起全身的羽毛，绝望地尖叫着。

生2：老麻雀用自己的身躯掩护着小麻雀，想拯救自己的幼儿。它准备着一场搏斗，可是因为紧张，它浑身发抖，发出嘶哑的声音。

教师过渡：同学们，能快速找到相关语句，看来对文章的理解比较到位，你们觉得这些句子中的哪些地方让你感受最深呢？先在四人小组内交流，然后请同学分享自己的感受。

生1:"像一块石头"体现出了老麻雀的急切。

生2:"绝望地尖叫"刻画出了老麻雀的痛苦和无奈。

生3:"浑身发抖,发出嘶哑的声音"展现了老麻雀奋不顾身、不怕牺牲的精神。

教师过渡:在庞大的猎狗面前老麻雀为了救自己的幼儿毫不退缩,如果前面写小麻雀和猎狗是从"看到的"来把事情写清楚的,那在写老麻雀拯救小麻雀时作者又是怎样来把事情写清楚的呢?

生1:通过从"看到的"和"听到的"来把事情写清楚的。

教师过渡:是的,通过眼睛看见的内容就是"看到的",那通过耳朵听到的就应该是"听到的"。现在我们来角色扮演,先在同桌之间演一演,一人扮演猎狗,一人扮演老麻雀,特别注意动作和神态等,等一会儿我们请同学上台展示。

学生活动:和同桌自由扮演,特别注意动作和神态等,上台展示。

4. 品老麻雀的英勇无畏

教师过渡:情况如此危急,是什么让老麻雀奋不顾身地去救小麻雀的?

生1:一种伟大的力量。

生2:老麻雀对小麻雀的伟大母爱。

教师过渡:伟大的母爱超越了生死,面对庞大的猎狗老麻雀毫不退缩,它是那么英勇无畏,让人为之动容。前面作者通过写"看到的""听到的"来把事情写清楚,这个部分的内容着重写的是作者"想到的",所以要把事情写清楚,我们还可以抓住"想到的"来把事情写清楚。

5. 感受母爱的伟大

学习最后一个自然段,进一步感受母爱力量的强大。

教师过渡:同学们,"我"为什么急忙唤回猎狗,带着它走开?

(四)归纳小结

本文作者主要从"看到的""听到的""想到的"三个方面来把一件事写清楚。同时在刻画某一形象时我们还可以抓住对象的外貌、动作、神态等来写,这样不仅可以把事情写清楚,而且可以让文章更加生动形象。

(五)作业布置

利用今天学到的写作方法写一个令自己感动的片断。

七、说板书设计

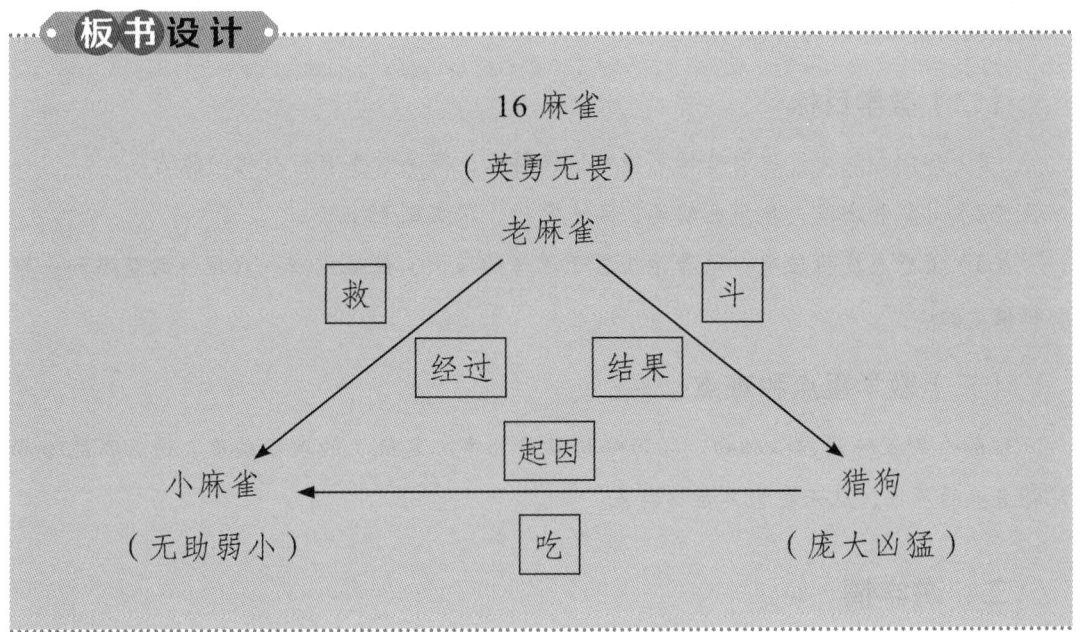

【案例四】 戏剧说课案例

《哈姆莱特（节选）》说课稿①

一、说教材

（一）教材地位和作用

《哈姆莱特（节选）》是人教版高中语文必修下册的课文。本单元的话题是"擦拭理性的目光"，引导学生对生活进行理性的思考。第一单元"构筑情感的驿站"展现了人类不同层面的情感世界，本单元则要求学生在感性认识的基础上进行理性认识。学生对于生活的许多现象已形成了自己的认识，但往往缺乏理性思考，因此，教师应该引导他们通过赏析《哈姆莱特（节选）》的剧情，理解人物的性格，体会思索的魅力，培养

---

① 该说课稿来自：四川省隆昌市第一中学唐玉洪。

善于思考的习惯。这是本单元教学的重点，也是本课的主旨所在。

本课共需两课时。第一课时和同学们一起了解戏剧的主要情节，理清人物之间的关系。本次说课以第二课时的内容为主。

（二）教学目标

（1）知识和能力：理解哈姆莱特的性格特点，提高学生赏析人物的能力。

（2）过程和方法：分角色朗读、品味赏析、课本剧表演。

（3）情感态度价值观：培养学生善于思考的习惯，使他们有一双理性的慧眼和一颗积极健康的心。

（三）教学重点和难点

理解哈姆莱特的内心独白。学习哈姆莱特处事（复仇）的理性态度，进而探究哈姆莱特装疯的原因，从而把握其性格特点。

二、说学情

（1）学生对戏剧的情节有着浓厚的兴趣，他们很关注戏剧情节的发展、人物的命运、戏剧的冲突等，这一特点有助于调动学生阅读的积极性、主动性。

（2）由于东西方文化的差异，学生对外国戏剧存在陌生感。因此，对剧中人物语言的理解显得尤为重要。

（3）《哈姆莱特（节选）》剧本本身在思想上的深刻性，增加了学生欣赏中的难度。需要教师巧设问题，引导学生讨论探究，步步深入。

三、说教法学法

根据上述学情分析，设计如下教法学法：

（1）采用情境教学和问题教学相结合的方法：第一课时我们围绕哈姆莱特的"疯狂"由浅入深地设置了三个问题，使学生能够从整体上把握这幕戏剧。这节课通过创设情境引导学生自己思考、自己发问，锻炼学生自主思考的能力，加深学生对文本的理解。

（2）诵读品味：让学生在诵读中体会不同人物的性格特点，尤其要反复诵读哈姆莱特内心独白的那一段，体会其矛盾复杂的心理，在此基础上，领会戏剧的语言特点。

（3）分组讨论探究：对于哈姆莱特为什么装疯、其性格特点等内容，在教师点拨引导的基础上，要让学生分组讨论，使其在探究中学会倾听、学会表达、学会交流、学会合作。

在第一课时的基础上，为了更好地赏析哈姆莱特这一人物形象，设计了以下环节进行教学：走近王子、理解王子、对话王子、演绎王子。

四、说教学过程

（一）复述情节，走近王子

用几分钟的时间，再一次从整体上感知戏剧，为赏析人物做好铺垫。为激发学生的学习兴趣，可采用接力赛的形式，将学生分成四组，根据大屏幕上的四幅画来复述情节，看哪一组复述得既准确又生动。

（二）聆听独白，理解王子

1. 诵读独白，提出问题

哈姆莱特的"生存还是毁灭"的内心独白是整个悲剧的核心，反映了哈姆莱特内心的矛盾冲突。这既是本节课的学习重点，又是学习难点。

这一部分的教学以朗读为主。人物重点语言师生要反复诵读，通过教师范读——学生跟读——师生齐读，师生感情达到共鸣，学生和文本感情达到共鸣，加深学生对于文本的理解、体会和感悟。在师生之间的理解、感悟与交流中，教师可以提出这样的问题：

（1）哈姆莱特怎样看待生死？

（2）在做出选择的时候，王子考虑到了哪些问题？

（3）在思考与行动的抉择中，哈姆莱特选择了什么？

（4）哈姆莱特为什么要装疯？

2. 分组讨论，解疑答惑

通过学生分组讨论、交流思想，锻炼学生发散思维的能力，不拘泥于课本，从更深层次上加深学生对于哈姆莱特这一世界著名文学形象的理解和感悟。各小组都有不同的意见，学生各抒己见之后，教师引导学生深入理解教材，理解哈姆莱特的变化：快乐的王子——忧郁的王子——悲剧英雄。共同讨论解答问题。

（1）学生可以结合课本自圆其说。（生存太痛苦，毁灭更痛苦）

（2）不是惧怕死亡本身，而是惧怕"灵魂不死"。死不是痛苦的结束，而是痛苦的延续等。

（3）王子选择了行动。

（4）隐藏在疯狂里面的是思索，装疯是为了麻痹敌人，装疯是为了弄清真相，装疯是为了等待复仇的时机。哈姆莱特看似疯狂，实则清醒！

3. 畅所欲言，各抒己见

恩格斯说："一千个读者就有一千个哈姆莱特。"你眼中的哈姆莱特是怎样的？教师适当引导，学生各抒己见，鼓励学生亮出自己的思想，发表自己的见解——正所谓：幼稚的思想总比没有思想好，偏激的观点胜过一切不假思索的结论。思考让我们成熟、让我们深刻、让我们个性回归，引我们走向真理。

这样做摒弃了以往戏剧教学中对于人物的单一评价，而是让学生走进人物的内心世界，给学生留下了更广阔的思考和想象空间。

4. 情感激发，培养品性

屈原曾说过："举世皆浊我独清，众人皆醉我独醒。"这正可以说明哈姆莱特在颠倒混乱的时代和社会中保持着一颗理性而纯真的心灵——出淤泥而不染，濯清涟而不妖！他试图改变那个社会，知其不可而为之，确实难能可贵！一个善于思考的人会是一个智慧的人，一个善于思考的民族将会是一个腾飞的民族。以此激发学生情感的共鸣，鼓励他们善于思考，培养美好的品性，有一双理性的慧眼，有一颗积极健康的心，做一个纯粹的人，一个高尚的人，有益于社会和民族的人！

（三）真情告白，对话王子

如果你是王子忠诚的朋友或随从，你会如何劝慰他、理解他、支持他？通过模拟对话，使学生理解哈姆莱特在复仇中的思索、痛苦和忧郁，并进而理解王子装疯的原因。

（四）情动于衷，演绎王子

开展课本剧表演，让学生进入角色，设身处地体味人物的心理活动及莎翁的语言，通过对话、独白、表演、自评和互评，将课堂推向小高潮。

（五）布置作业

（1）写一写：请你以《我与哈姆莱特》为题，展开联想与想象，写一篇300字的小文章。（面向全体学生，巩固、落实知识能力目标。）

（2）读一读：从《哈姆莱特》《李尔王》《奥赛罗》《麦克白》《罗密欧与朱丽叶》中任选一部作品读一读，感受莎士比亚作品的艺术魅力。（结合学生兴趣，体现"大语文观"）

五、课后反思

教学的过程就是学生积极参与、大胆言说、主动提问、合作探究的过程,教师要在其中扮演好组织者、引导者的角色,使学生真正成为课堂学习的主人。

【案例五】文言文说课案例

《伯牙绝弦》说课稿[①]

一、说教材

本课是人教版六年级上册第八单元的一篇课文。这一单元是以感受艺术的魅力为专题来组合课文的,要让学生走进艺术的百花园,感受艺术的魅力与美,初步学习欣赏艺术,受到美的熏陶。学习这组课文,要体会课文表达的感情,欣赏各种艺术形式的美,培养热爱艺术的情操,还要学习作者展开联想和想象进行表达的方法。

二、说学情

六年级的学生已经具备了一定的文言文阅读基础,能够初步理解文言文的表达方式。但文言文特有的语言习惯和表达方式与学生日常使用的白话文存在较大差异,因此在教学过程中需要注重引导和启发,帮助学生克服畏难情绪,提高学习兴趣。

三、说教学目标

(1)朗读课文,背诵课文。
(2)能根据注释和工具书理解词句的意思,能用自己的话讲讲这个故事。
(3)积累中华经典诗文,感受朋友间真挚的友情。

---

① 该说课稿来自:西昌阳光学校何丽。

四、说教学重难点

（1）教学重点：让学生借助注释和工具书读通、读懂课文内容，在此基础上背诵积累。

（2）教学难点：感受朋友间相互理解、相互欣赏的纯真友情。

五、说教法

根据本单元的教学要求和本课的特点，采用媒体展示、探究学习、有感情朗读、拓展交流的方法来教学。以学生的求知需求为主线，教师当好组织者、引导者，让学生在老师的引导下动脑、动手、动口，主动探究、合作学习。

六、说学法

根据老师设计的教学方法，学生采用看媒体展示、积极动脑思考、展开想象、有感情朗读、拓展练习、交流收集的资料等方法来学习，让学生感受伯牙与子期之间的友情和音乐艺术的魅力。让被动学习变为主动学习，让学生成为学习的主体。

七、说教学过程

（一）导语

同学们，音乐能让我们的耳朵听到最优美的旋律，让我们的心灵受到美的熏陶和启迪。而关于音乐的故事也同样让我们感动不已。今天，让我们来共同学习第25课——伯牙绝弦。

【设计意图】 这一环节，用简洁、抒情的语言赞美音乐，激发学生的学习兴趣，创设气氛，由此引入教学。

（二）复习学习方法

（1）请同学们快速地看看课文，这篇课文与我们学习过的其他课文一样吗？（生回答）这就是古文，也称文言文。以前我们学过哪一篇古文？（《杨氏之子》）

（2）那大家回忆一下学习古文的方法是什么？（根据注释、联系上下文来理解句意。）

【设计意图】 在这一环节通过复习学过的文言文及方法，温故而知新，让学生消除畏难情绪，快速进入学习状态。

（三）学习、理解课文

1. 读通

（1）学生边看课件视频，边听课文朗读，初步了解课文内容。

（2）学生自读课文，要求读通读顺。

（3）课件出示课文内容，引导学生加上停顿标记，再读，读出文言文的节奏感和韵味。

（4）结合注释，初步理解文章。

【设计意图】 这一环节先让学生自己借助注释理解课文，然后小组合作学习，交流讨论不懂或有疑问的词句，最后指名说说自己对课文内容的理解，教师随机指正。

2. 读懂

（1）引琴。

① 这篇课文的主人公是哪两个人？（学生答：俞伯牙、钟子期）

② 通过预习，你知道俞伯牙是个什么人？钟子期呢？

③ 课文上是怎样介绍他们的呢？（学生回答、教师用多媒体出示句子：伯牙善鼓琴，钟子期善听。）

④ 你认为这个句子中最重要的是哪个字？（善）善鼓琴、善听是什么意思？用自己的话说说这句话的意思。

⑤ 教师用课件出示古琴的图片，简介中国的古琴及音乐。

⑥ 要有感情地读这句话，应把哪个字读重？自己试着读一读，指名读，齐读。

（2）悟琴。

① 钟子期是如何善听的？课文用了哪两个例子来说明？（志在高山、志在流水）教师用多媒体出示句子"伯牙鼓琴——若江河"。

② 学生自己读一读。

③ 小组内交流、理解意思。

④ 指名回答。教师指导理解"善哉"这个"善"字与前面的"善鼓琴"的"善"有什么不同。

⑤ 有感情地朗读。从中你读懂了什么？（伯牙琴弹得好、子期会欣赏）

⑥ 教师出示高山、流水的视频，提问：如果你是钟子期，听到伯牙的琴声，你会怎样赞美这高山流水？学生回答，再有感情地读句子。

【设计意图】 这一部分通过课件视频展示、朗读文本让学生借助文字展开想象，体会艺术之美。观看高山流水的视频，帮助学生更形象深入地理解重点句子。有感情朗读体现了本单元的语文要素。

⑦伯牙是琴仙，他的琴声不只表现高山流水，他还会表现哪些动人的场景？如果你是钟子期，请你用书上的句式来赞美这琴声。（多媒体出示词语及画面：徐徐清风、皎皎明月……）教师根据学生的回答，引导学生理解"念"什么和"得之"得什么？从而引出对知音的理解。

【设计意图】 抓住重点词"志"，感受子期听懂的是伯牙高山一样的伟大志向，流水一样博大的胸怀，这就是"知音——知情——知志"的过程，由此深化主题。

这里体现了课堂教学的生成性，让学生在仿写中对知识进行运用积累，同时也进一步体会二人的知音情。

⑧伯牙得到知音是什么心情？教师讲楚王召见伯牙弹琴的故事，帮助学生理解知音难觅，感受二人的知音情谊非同寻常，为下文摔琴作铺垫。

⑨再次有感情地朗读这几句。（课件出示句子）

（3）痛惜：知音情。

①无奈世事难料，子期不幸去世，伯牙得知这一消息，做出了什么举动？（课件出示句子）

②学生自读句子："钟子期死，伯牙破琴绝弦，终身不复鼓琴，以为世无足复为鼓琴者。"课件出示"破琴绝弦"的破碎效果，让学生更直观地感受伯牙的决绝。

③理解句意，用自己的话说说意思。

④此时，伯牙的心情怎样？（教师讲子期临死前要求葬在江边，想再听伯牙弹琴的故事，帮助学生理解伯牙痛失知音、悲痛欲绝的心情。）

⑤指名读、教师指导、学生再朗读，在读中感悟伯牙痛失知音的悲痛心情。

⑥出示伯牙为子期写的诗，让学生自己读几遍，全班有感情读，进一步感受伯牙痛失知音的悲愤。

忆昔去年春，江边曾会君。

今日重来访，不见知音人。

但见一抔土，惨然伤我心。

伤心复伤心，不忍泪珠纷。

来欢去何苦，江畔起愁云。

教师总结：由此可以看出对于伯牙来说，有志趣相投、心有灵犀的知音比什么都重要，世上再也没有值得他为之弹琴的人了，让我们再次有感情地朗读全文。

⑦拓展延伸：伯牙、子期因音乐结缘，留下一段传奇，让"知音"成为一种文化符号，也成为一种最美的情感。交流古代文人以这个故事为题材写的诗和关于友谊的诗句。

【设计意图】　这一环节通过视频动画展示让学生更直观地感受伯牙的决绝；故事拓展介绍、诗歌的渲染帮助学生理解伯牙痛失知音、悲痛欲绝的心情；反复诵读让学生在读中再次感悟伯牙痛失知音的悲痛心情。同时拓展学习，跳出课本，积累更多的知识。

（四）听《高山流水》的乐曲，感受音乐的魅力

（1）教师先介绍这首乐曲。此曲的前段表现了山的庄严、水的清亮。中间表现了水的流畅，山耸立在其间。后半部分表现了流水冲击高山的湍急。学生认真欣赏。

（2）将这篇课文改编成一个故事。

（3）引导学生思考：在现代社会中，我们应该如何寻找和珍惜自己的知音？

【设计意图】　这一环节通过听乐曲来帮助学生感受这首名曲的美，让学生学会欣赏，培养学生热爱艺术的情操，这正与本单元的教学要求相符合。而要求学生将本文改写成一个故事，能够训练学生的写作能力，让学生对课文进行再理解、消化。最后引导学生思考怎样交友、交什么样的朋友。

八、说板书设计

板书设计

25．伯牙绝弦
高山流水遇知音
琴——情
伯牙摔琴谢知音

【设计意图】　板书用两句话、两个词来概括全文，紧紧抓住"遇"和"谢"，用"琴"和"情"来展现他们通过琴成知音、通过琴成就"摔琴谢知音"的千古佳话和"士为知己者死"的最高境界。

【案例六】 作文说课案例

习作《学习描写景物》说课稿[①]

一、说教材

《学习描写景物》是人教版初中语文八年级教材中的一个写作专题。自然是人类生活的环境,是人类赖以生存的基础。人类不仅在物质上需要大地母亲的哺育,而且在精神上也需要向自然寻求依托。古代的很多文人和政治家,每当失意时,就会寄情山水;可以说人对自然的情怀是与生俱来的。从学习写作的角度看,自然的范围极其广阔,培养对自然的情怀,可以大大丰富我们的写作内容。

为什么要写景,如何写景,这些对学生来说并不清楚,而作为写作知识讲起来也很难,但写景文章和写景诗歌是相通的,所以可将这一写作内容与这一单元中的《三峡》《与朱元思书》等写景文章结合起来讲。教学的最高境界是将课本知识前后融会贯通,达到一箭双雕、一石二鸟的高效教学目的。

二、说学情

学生在写景文的写作中,容易犯两种毛病:一是不认真观察,脱离景物实际;二是没有明确的目的,写出来缺乏统一的基调,特点不突出。针对这种写作现状,本堂课的教学设计特别注重以学生为主体,教师通过视频文件、图片、文字等感性材料启发、诱导学生,让学生明白:自然景物是客观的,但是由于作者的心境不同,受到感悟的地方也就不同。作者头脑里的景物特征已经深深印上了主观的痕迹。

景物描写的标准是主观和客观的统一。自然景观是可观的,写什么、不写什么却全由作者的感悟来决定。探讨中,通过学生和教师一起归纳写作技巧,让学生明确写景既要认真观察,对景物有准确的了解,又要找准景物与自己感情的契合点。只有这样才能实现情景交融。整堂课要贯穿理论与实际结合的方法,引导学生进行感悟和探究,让学生学以致用。

---

① 该说课稿来自:四川省阿坝县藏文中学校李思琴。

三、说教学目标

（1）能够抓住特征写景，在突出景物自然特性的同时，融入主观感受。
（2）能够运用情景交融的写景方法，善于抓住景物与自己感情的契合点。

四、说教学重难点

（1）重点：掌握如何在写景中抓住特征来描写景物的方法。
（2）难点：明确在景物描写中如何进行情感抒发。

五、说教法学法

1. 说教法

为了激发学生的学习兴趣，突破重点和难点，采用以下教学方法：

（1）多媒体教学法：借助多媒体展现表现美丽的大自然的四季风光的图片，营造出诗意的学习氛围，激发学生产生联想与想象，调动学生的写作热情和写作兴趣。
（2）讨论法：采用小组交流思考的方式，进行讨论，然后由几个小组代表回答，教师点拨、小结。
（3）引导法：以引导的方式激发学生思考，积极融入课堂，教师点拨和启发。

2. 说学法

引导学生以思考、讨论、练习为主线，在课文经典写景片段中自读自悟，合作探究，挖掘如何抓住特征来写景，并从中发展自己的写作能力，学习和借鉴写景的方法，能自如地运用到写作中去。

六、说教学过程

1. 导入新课，激发兴趣

多媒体投影几幅表现美丽的大自然的四季风光的图片，引导学生各抒己见，说出自己的观后感。教师启发学生思考：怎样把自己的感受体现在实际的写作中，写出好的写景文章来呢？这就是我们这节课所要讨论的内容——学习描写景物。

2. 合作探究

（1）首先教师引导学生思考如何"学习描写景物"，接下来引导学生明白什么是景物特征，让学生阅读学案上面的从《三峡》和《与朱元思书》中节选的两段文字，请学生找出里面所描写的景物和景物特点。

启发学生思考，除了描写山水的地势险峻、水流湍急、云雾缭绕这些特征，生活中的山水还有哪些特点？作者为什么单单从众多特点中选择了这些来写呢？教师引导学生分小组交流探讨3分钟。

在学生交流讨论结果的基础上，教师归纳总结：作者单单从众多特点中选择了一些来写，是因为在作者看来只有那些特征才是独特的。这种独特之处即我们所说的"景物的特征"，景物的特征就是某处某物在形态、布局、格调、氛围等方面区别于他处景物的地方。换句话说，它是一处景物所独有的特点。在你笔下的景物，要能够留给别人新鲜的、不同于一般景物的印象。在学生知道什么是景物特征之后，教师再引导学生"怎样抓住特征描写景物"，组织学生分小组交流探讨3分钟。

让学生明确，要想抓住景物的特点离不开"观察"，只有深入细致地进行观察，才能把握景物的特点。观察需要调动视觉、听觉、触觉、味觉等多方面的感觉器官去感受事物的特征，描绘景物的色彩、形状、声音，让景物具有立体感。

（2）教师引导学生讨论《三峡》中春冬时节的三峡有何不同，分析作者所采用的手法有哪些。

学生分组讨论，得出以下结论：

① 正面描写和侧面描写相结合。
② 动静结合。
③ 使用不同视角，如仰视、俯视。
④ 自然景色与神话传说相结合。

（3）在学生交流讨论结果的基础上，教师加以点拨启发。在写作中，要想生动形象地把所描写的景物特征勾勒出来，除了平常的仔细观察之外，还需要借助一定的写作技巧。出示课件，教师总结抓住特征写景的写作技巧：

① 要学会用心观察，感受景物特征。（从感官、景物颜色、形状等方面出发）
② 要巧取主体，全方位辐射，选择描写重点，选取的景物要契合情感的表达。
③ 要采用多种角度，展开联想，有顺序地描摹景物，写出景物不同方面的特点。
④ 要在遣词造句上下功夫，灵活运用修辞手法。

⑤要多情善感，融情于景，情景交融。

3. 当堂练习

指导学生运用课堂上学到的方法，以"秋夜"为描写对象，写一段写景的文字，不少于200字。时间为6分钟。

4. 学生展示作品，互相评改

5. 课堂小结

这节课，我们主要探讨和学习了如何抓住特征来写景。生活中不是缺少美，而是缺少发现美的眼睛。只要我们善于运用敏锐的双眼去发现美，用我们灵巧的双手去记录美，多参看别人笔下的美，我们也一样可以做到下笔如有神，让美在我们的笔尖流动。

七、说板书设计

板书设计

写景要抓住特征

什么是景物特征？

如何写好景物特征？

第九章 语文说课技能实训

【实训一】 小说说课实训

一、内容

我的叔叔于勒

莫泊桑

我小时候，家在勒阿弗尔，并不是有钱的人家，也就是刚刚够生活罢了。我父亲做着事，很晚才从办公室回来，挣的钱不多。我有两个姐姐。

我母亲对我们的拮据生活感到非常痛苦。那时家里样样都要节省，有人请吃饭是从来不敢答应的，以免回请；买日用品也是常常买减价的，买拍卖的底货；姐姐的长袍是自己做的，买十五个铜子一米的花边，常常要在价钱上计较半天。

可是每星期日，我们都要衣冠整齐地到海边栈桥上去散步。那时候，只要一看见从远方回来的大海船开进港口来，父亲总要说他那句永不变更的话：

"唉！如果于勒竟在这只船上，那会叫人多么惊喜呀！"

父亲的弟弟于勒叔叔，那时候是全家唯一的希望，在这以前则是全家的恐怖。

据说他当初行为不正，糟蹋钱。在穷人家，这是最大的罪恶。在有钱的人家，一个人好玩乐无非算作糊涂荒唐，大家笑嘻嘻地称他一声"花花公子"。在生活困难的人家，一个人要是逼得父母动老本，那就是坏蛋，就是流氓，就是无赖了。于勒叔叔把自己应得的部分遗产吃得一干二净之后，还大大占用了我父亲应得的那一部分。

人们按照当时的惯例，把他送上从勒阿弗尔到纽约的商船，打发他到美洲去。

我这位于勒叔叔一到那里就做上了不知什么买卖，不久就写信来说，他赚了点钱，并且希望能够赔偿我父亲的损失。这封信使我们家里人深切感动。于勒，大家都认为分文不值的于勒，一下子成了正直的人，有良心的人。

有一位船长又告诉我们，说于勒已经租了一所大店铺，做着一桩很大的买卖。

两年后又接到第二封信，信上说："亲爱的菲利普，我给你写这封信，免得你担心我的健康。我身体很好，买卖也好。明天我就动身到南美去作长期旅行，也许要好几年不给你写信。如果真不给你写信，你也不必担心。我发了财就会回勒阿弗尔的。我希望为期不远，那时我们就可以一起快活地过日子了。"

这封信成了我们家里的福音书，有机会就要拿出来念，见人就拿出来给他看。

果然，十年之久，于勒叔叔没再来信。可是父亲的希望却与日俱增。母亲也常常说："只要这个好心的于勒一回来，我们的境况就不同了。他可真算得一个有办法的人。"

于是每星期日，一看见大轮船喷着黑烟从天边驶过来，父亲总是重复他那句永不变更的话：

"唉！如果于勒竟在这只船上，那会叫人多么惊喜呀！"

那时候大家简直好像马上就会看见他挥着手帕喊着："喂！菲利普！"

对于叔叔回国这桩十拿九稳的事，大家还拟定了上千种计划，甚至计划到要用这位叔叔的钱置一所别墅。我不敢肯定父亲对于这个计划是不是进行了商谈。

我大姐那时28岁，二姐26岁。她们老找不着对象，这是全家都十分发愁的事。

终于有一个看中二姐的人上门来了。他是公务员，没有什么钱，但是诚实可靠。我总认为这个青年之所以不再迟疑而下决心求婚，是因为有一天晚上我们给他看了于勒叔叔的信。

我们家赶忙答应了他的请求，并且决定在举行婚礼之后全家到哲尔赛岛去游玩一次。哲尔赛岛是穷人们最理想的游玩的地方。这个小岛是属英国管的。路并不远，乘小轮船渡过海，便到了。因此，一个法国人只要航行两个小时，就可以到一个邻国，看看这个国家的民族，并且研究一下这个不列颠国旗覆盖着的岛上的风俗习惯。

哲尔赛的旅行成了我们的心事，成了我们时时刻刻的渴望和梦想。后来我们终于动身了。我们上了轮船，离开栈桥，在一片平静的好似绿色大理石桌面的海上驶向远处。正如那些不常旅行的人们一样，我们感到快活而骄傲。

父亲忽然看见两位先生在请两位打扮得漂亮的太太吃牡蛎。一个衣服褴褛的年老水手拿小刀一下撬开牡蛎，递给两位先生，再由他们递给两位太太。她们的吃法很文雅，用一方小巧的手帕托着牡蛎，头稍向前伸，免得弄脏长袍；然后嘴很快地微微一动，就把汁水吸进去，牡蛎壳扔到海里。

毫无疑义，父亲是被这种高贵的吃法打动了，走到我母亲和两个姐姐身边问："你们要不要我请你们吃牡蛎？"

母亲有点迟疑不决，她怕花钱；但是两个姐姐赞成。母亲于是很不痛快地说："我怕伤胃，你只给孩子们买几个好了，可别太多，吃多了要生病的。"然后转过身对着我，又说："至于若瑟夫，他用不着吃这种东西，别把男孩子惯坏了。"

我只好留在母亲身边，觉得这种不同的待遇十分不公道。我一直盯着父亲，看他郑重其事地带着两个女儿和女婿向那个衣服褴褛的年老水手走去。

我父亲突然好像不安起来，他向旁边走了几步，瞪着眼看了看挤在卖牡蛎的身边的女儿女婿，就赶紧向我们走来。他的脸色十分苍白，两只眼也跟寻常不一样。他低声对我母亲说："真奇怪！这个卖牡蛎的怎么这样像于勒？"

母亲有点莫名其妙，就问："哪个于勒？"

父亲说："就……就是我的弟弟呀。……如果我不知道他现在是在美洲，有很好的地位，我真会以为就是他哩。"

我母亲也怕起来了，吞吞吐吐地说："你疯了！既然你知道不是他，为什么这样胡说八道？"

可是父亲还是放不下心，他说："克拉丽丝，你去看看吧！最好还是你去把事情弄个清楚，你亲眼去看看。"

母亲站起来去找她两个女儿。我也端详了一下那个人。他又老又脏，满脸皱纹，眼光始终不离开他手里的活儿。

母亲回来了。我看出她在哆嗦。她很快地说："我想就是他。去跟船长打听一下吧。可要多加小心，别叫这个小子又回来吃咱们！"

父亲赶紧走去。我这次可跟着他走了，心里异常紧张。父亲客客气气地和船长搭上话，一面恭维，一面打听有关他职业上的事情，例如哲尔赛是否重要，有何出产，人口多少，风俗习惯怎样，土地性质怎样，等等。后来谈到我们搭乘的这只"特快号"，随即谈到全船的船员。最后我父亲终于说："您船上有一个卖牡蛎的，那个人倒很有趣。您知道这个家伙的底细吗？"

船长本已不耐烦我父亲那番谈话，就冷冷地回答说："他是个法国老流氓，去年我在美洲碰到他，就把他带回祖国。据说他在勒阿弗尔还有亲属，不过他不愿回到他们身边，因为他欠了他们的钱。他叫于勒……姓达尔芒司，——也不知还是达尔汪司，总之是跟这差不多的那么一个姓。听说他在那边阔绰过一个时期,可是您看他今天已经落到什么田地!"

我父亲脸色早已煞白,两眼呆直,哑着嗓子说:"啊!啊!原来如此……如此……我早就看出来了!……谢谢您,船长。"

他回到我母亲身旁,是那么神色张皇。母亲赶紧对他说:"你先坐下吧!别叫他们看出来。"

他坐在长凳上,结结巴巴地说:"是他,真是他!"然后他就问:"咱们怎么办呢?"母亲马上回答道:"应该把孩子们领开。若瑟夫既然已经知道,就让他去把他们找回来。最要留心的是别叫咱们女婿起疑心。"

父亲突然很狼狈,低声嘟囔着:"出大乱子了!"

母亲突然暴怒起来,说:"我就知道这个贼是不会有出息的,早晚会回来重新拖累我们的。现在把钱交给若瑟夫,叫他去把牡蛎钱付清。已经够倒霉的了,要是被那个讨饭的认出来,这船上可就热闹了。咱们到那头去,注意别叫那人挨近我们!"她说完就站起来,给了我一个五法郎的银币,就走开了。

我问那个卖牡蛎的人:"应该付您多少钱,先生?"

他答道:"两法郎五十生丁。"

我把五法郎的银币给了他,他找了钱。

我看了看他的手,那是一只满是皱纹的水手的手。我又看了看他的脸,那是一张又老又穷苦的脸,满脸愁容,狼狈不堪。我心里默念道:"这是我的叔叔,父亲的弟弟,我的亲叔叔。"

我给了他十个铜子的小费。他赶紧谢我:"上帝保佑您,我的年轻的先生!"

等我把两法郎交给父亲,母亲诧异起来,就问:"吃了三个法郎?这是不可能的。"

我说:"我给了他十个铜子的小费。"

我母亲吓了一跳,直望着我说:"你简直是疯了!拿十个铜子给这个人,给这个流氓!"她没再往下说,因为父亲指着女婿对她使了个眼色。

后来大家都不再说话。

在我们面前,天边远处仿佛有一片紫色的阴影从海里钻出来。那就是哲尔赛岛了。

我们回来的时候改乘圣玛洛船,以免再遇见他。

二、提示

（1）该课文选自人教版九年级语文上册。

（2）《义务教育语文课程标准（2022版）》的相关规定：

引导学生在语文实践活动中，通过整体感知、联想想象，感受文学语言和形象的独特魅力，获得个性化的审美体验；了解文学作品的基本特点，欣赏和评价语言文字作品，提高审美品位；观察、感受自然与社会，表达自己独特的体验与思考，尝试创作文学作品。

阅读表现人与社会、人与他人的古今优秀诗歌、散文、小说、戏剧等文学作品，学习欣赏、品味作品的语言、形象等，交流审美感受，体会作品的情感和思想内涵。能借助与文本相关的材料，结合作品关键语句评价文本中的主要事件和人物，提出自己的观点或看法。

任务：请根据上述提示，撰写一篇说课稿。

【实训二】 诗歌说课实训

一、内容

花牛歌

徐志摩

花牛在草地里坐，
压扁了一穗剪秋罗。

花牛在草地里眠，
白云霸占了半个天。

花牛在草地里走,

小尾巴甩得滴溜溜。

花牛在草地里做梦,

太阳偷渡了西山的青峰。

二、提示

(1)该课文选自人教版四年级语文上册。

(2)《义务教育语文课程标准(2022版)》的相关规定:

阅读描绘大自然、表现人类美好情感的诗歌、散文等文学作品,结合自己的生活体验,尝试用文学语言表达自己热爱自然、珍爱生命的情感。

阅读富有想象力和表现力的儿童文学作品,欣赏富有童趣的语言与形象,感受纯真美好的童心,学习用口头或者图文结合的方式创编儿童诗和有趣的故事,发展想象力。

任务:请根据上述提示,撰写一篇说课稿。

【实训三】 散文说课实训

一、内容

春

朱自清

盼望着,盼望着,东风来了,春天的脚步近了。

一切都像刚睡醒的样子,欣欣然张开了眼。山朗润起来了,水涨起来了,太阳的脸红起来了。

小草偷偷地从土里钻出来,嫩嫩的,绿绿的。园子里,田野里,瞧去,一大片一大片满是的。坐着，趟着，打两个滚，踢几脚球，赛几趟跑，捉几回迷藏。风轻悄悄的，草软绵绵的。

桃树、杏树、梨树，你不让我，我不让你，都开满了花赶趟儿。红的像火，粉的像霞，白的像雪。花里带着甜味儿；闭了眼，树上仿佛已经满是桃儿、杏儿、梨儿。花下成千成百的蜜蜂嗡嗡地闹着，大小的蝴蝶飞来飞去。野花遍地是：杂样儿，有名字的，没名字的，散在草丛里，像眼睛，像星星，还眨呀眨的。

"吹面不寒杨柳风"，不错的，像母亲的手抚摸着你。风里带来些新翻的泥土的气息，混着青草味儿，还有各种花的香，都在微微润湿的空气里酝酿。鸟儿将窠巢安在繁花嫩叶当中，高兴起来了，呼朋引伴地卖弄清脆的喉咙，唱出宛转的曲子，与轻风流水应和着。牛背上牧童的短笛，这时候也成天嘹亮地响。

雨是最寻常的，一下就是两三天。可别恼。看，像牛毛，像花针，像细丝，密密地斜织着，人家屋顶上全笼着一层薄烟。树叶子却绿得发亮，小草也青得逼你的眼。傍晚时候，上灯了，一点点黄晕的光，烘托出一片安静而和平的夜。乡下去，小路上，石桥边，有撑起伞慢慢走着的人；还有地里工作的农夫，披着蓑，戴着笠的。他们的草屋，稀稀疏疏的，在雨里静默着。

天上风筝渐渐多了，地上孩子也多了。城里乡下，家家户户，老老小小，他们也赶趟儿似的，一个个都出来了。舒活舒活筋骨，抖擞抖擞精神，各做各的一份儿事去。"一年之计在于春"，刚起头儿，有的是工夫，有的是希望。

春天像刚落地的娃娃，从头到脚是新的，他生长着。

春天像小姑娘，花枝招展的，笑着，走着。

春天像健壮的青年，有铁一般的胳膊和腰脚，他领着我们上前去。

二、提示

（1）该课文选自人教版语文七年级上册。

（2）《义务教育语文课程标准（2022版）》的相关规定：

在通读课文的基础上，理清思路，理解、分析主要内容，体味和推敲重要词句在语言环境中的意义和作用。对课文的内容和表达有自己的心得，能提出自己的看法，并能与他人合作，共同探讨、分析、解决疑难问题。在阅读中了解叙述、描写、说明、议论、抒情等表达方式。

能区分写实作品与虚构作品，了解诗歌、散文、小说、戏剧等文学样式。欣赏文学作品，有自己的情感体验，初步领悟作品的内涵，从中获得对自然、社会、人生的有益启示。能对作品中感人的情境和形象说出自己的体验，品味作品中富有表现力的语言。

任务：请根据上述提示，撰写一篇说课稿。

【实训四】戏剧说课实训

一、内容

窦娥冤（节选）

关汉卿

第三折

（外扮监斩官上，云）下官监斩官是也。今日处决犯人，着做公的把住巷口，休放往来人闲走。（净扮公人，鼓三通、锣三下科。刽子磨旗、提刀，押正旦带枷上。刽子云）行动些，行动些，监斩官去法场上多时了。（正旦唱）

【正宫】【端正好】没来由犯王法，不提防遭刑宪，叫声屈动地惊天。顷刻间游魂先赴森罗殿，怎不将天地也生埋怨。

【滚绣球】有日月朝暮悬，有鬼神掌着生死权。天地也！只合把清浊分辨，可怎生糊突了盗跖、颜渊？为善的受贫穷更命短，造恶的享富贵又寿延。天地也！做得个怕硬欺软，却原来也这般顺水推船！地也，你不分好歹何为地？天也，你错勘贤愚枉做天！哎，只落得两泪涟涟。

（刽子云）快行动些，误了时辰也。（正旦唱）

【倘秀才】则被这枷纽的我左侧右偏，人拥的我前合后偃。我窦娥向哥哥行有句言。（刽子云）你有甚么话说？（正旦唱）前街里去心怀恨，后街里去死无冤，休推辞路远。

（刽子云）你如今到法场上面，有甚么亲眷要见的，可教他过来，见你一面也好。（正旦唱）

【叨叨令】可怜我孤身只影无亲眷，则落的吞声忍气空嗟怨。（刽子云）难道你爷娘家也没的？（正旦云）止有个爹爹，十三年前上朝取应去了，至今杳无音信。（唱）早已是十年多不睹爹爹面。（刽子云）你适才要我往后街里去，是甚么主意？（正旦唱）怕则怕前街里被我婆婆见。（刽子云）你的性命也顾不得，怕他见怎的？（正旦云）俺婆婆若见我披枷带锁赴法场餐刀去呵，（唱）枉将他气杀也么哥，枉将他气杀也么哥。告哥哥，临危好与人行方便。

（卜儿哭上科，云）天那，兀的不是我媳妇儿！（刽子云）婆子靠后。（正旦云）既是俺婆婆来了，叫他来，待我嘱咐他几句话咱。（刽子云）那婆子近前来，你媳妇要嘱咐你话哩。（卜儿云）孩儿，痛杀我也！（正旦云）婆婆，那张驴儿把毒药放在羊肚儿汤里，实指望药死了你，要霸占我为妻。不想婆婆让与他老子吃，倒把他老子药死了。我怕连累婆婆，屈招了药死公公，今日赴法场典刑。婆婆，此后遇着冬时年节，月一十五，有瀽不了的浆水饭，瀽半碗儿与我吃；烧不了的纸钱，与窦娥烧一陌儿。则是看你死的孩儿面上！（唱）

【快活三】念窦娥葫芦提当罪愆，念窦娥身首不完全，念窦娥从前已往干家缘；婆婆也，你只看窦娥少爷无娘面。

【鲍老儿】念窦娥伏侍婆婆这几年，遇时节将碗凉浆奠；你去那受刑法尸骸上烈些纸钱，只当把你亡化的孩儿荐。（卜儿哭科，云）孩儿放心，这个老身都记得。天那，兀的不痛杀我也！（正旦唱）婆婆也，再也不要啼啼哭哭，烦烦恼恼，怨气冲天。这都是我做窦娥的没时没运，不明不暗，负屈衔冤。

（刽子做喝科，云）兀那婆子靠后，时辰到了也。（正旦跪科）（刽子开枷科）（正旦云）窦娥告监斩大人，有一事肯依窦娥，便死而无怨。（监斩官云）你有甚么事？你说。（正旦云）要一领净席，等我窦娥站立；又要丈二白练，挂在旗枪上。若是我窦娥委实冤枉，刀过处头落，一腔热血休半点儿沾在地下，都飞在白练上者。（监斩官云）这个就依你，打甚么不紧。（刽子做取席站科，又取白练挂旗上科）（正旦唱）

【耍孩儿】不是我窦娥罚下这等无头愿，委实的冤情不浅；若没些儿灵圣与世人传，也不见得湛湛青天。我不要半星热血红尘洒，都只在八尺旗枪素练悬。等他四下里皆瞧见，这就是咱苌弘化碧，望帝啼鹃。

（刽子云）你还有甚的说话，此时不对监斩大人说，几时说那？（正旦再跪科，云）大人，如今是三伏天道，若窦娥委实冤枉，身死之后，天降三尺瑞雪，遮掩了窦娥尸首。（监斩官云）这等三伏天道，你便有冲天的怨气，也召不得一片雪来，可不胡说！（正旦唱）

【二煞】你道是暑气暄，不是那下雪天；岂不闻飞霜六月因邹衍？若果有一腔怨气喷如火，定要感的六出冰花滚似绵，免着我尸骸现；要甚么素车白马，断送出古陌荒阡？

（正旦再跪科，云）大人，我窦娥死的委实冤枉，从今以后，着这楚州亢旱三年！（监斩官云）打嘴！那有这等说话！（正旦唱）

【一煞】你道是天公不可期，人心不可怜，不知皇天也肯从人愿。做甚么三年不见甘霖降？也只为东海曾经孝妇冤。如今轮到你山阳县。这都是官吏每无心正法，使百姓有口难言。

（刽子做磨旗科，云）怎么这一会儿天色阴了也？（内做风科，刽子云）好冷风也！（正旦唱）

【煞尾】浮云为我阴，悲风为我旋，三桩儿誓愿明题遍。（做哭科，云）婆婆也，直等待雪飞六月，亢旱三年呵，（唱）那其间才把你个屈死的冤魂这窦娥显。

（刽子做开刀，正旦倒科）（监斩官惊云）呀，真个下雪了，有这等异事！（刽子云）我也道平日杀人，满地都是鲜血，这个窦娥的血都飞在那丈二白练上，并无半点落地，委实奇怪。（监斩官云）这死罪必有冤枉。早两桩儿应验了，不知亢旱三年的说话准也不准，且看后来如何。左右，也不必等待雪晴，便与我抬他尸首，还了那蔡婆婆去罢。（众应科，抬尸下）

二、提示

（1）该课文选自人教版高中语文必修下册。

（2）《普通高中语文课程标准（2017年版 2020修订）》的相关规定：

在阅读鉴赏中，了解诗歌、散文、小说、戏剧等文学体裁的基本特征及主要表现手法，了解相关的中国古代文化常识，丰富传统文化积累，汲取思想、情感和艺术的营养，培养健康高尚的审美情趣，丰富、深化对历史、社会和人生的认识。

引导学生自主创建各类社团，开展各类语文学习活动，如读书交流、习作分享、辩论演说、诗歌朗诵、戏剧表演等。要有足够的课时保证学生独立自主阅读，设计促进学生个化体验的阅读活动。如创设多样化的学习活动，丰富学习体验；朗诵不同流派或作家的诗歌、散文，体悟作品的情感特点和语言风格；阅读剧本，把握戏剧冲突，并选择片段尝试表演。

任务：请根据上述提示，撰写一篇说课稿。

【实训五】 文言文说课实训

一、内容

种树郭橐驼传

柳宗元

郭橐驼,不知始何名。病偻,隆然伏行,有类橐驼者,故乡人号之"驼"。驼闻之曰:"甚善。名我固当。"因舍其名,亦自谓"橐驼"云。

其乡曰丰乐乡,在长安西。驼业种树,凡长安豪富人为观游及卖果者,皆争迎取养。视驼所种树,或移徙,无不活,且硕茂,早实以蕃。他植者虽窥伺效慕,莫能如也。

有问之,对曰:"橐驼非能使木寿且孳也,能顺木之天,以致其性焉尔。凡植木之性,其本欲舒,其培欲平,其土欲故,其筑欲密。既然已,勿动勿虑,去不复顾。其莳也若子,其置也若弃,则其天者全而其性得矣。故吾不害其长而已,非有能硕茂之也;不抑耗其实而已,非有能早而蕃之也。他植者则不然,根拳而土易,其培之也,若不过焉则不及。苟有能反是者,则又爱之太恩,忧之太勤。旦视而暮抚,已去而复顾。甚者,爪其肤以验其生枯,摇其本以观其疏密,而木之性日以离矣。虽曰爱之,其实害之;虽曰忧之,其实仇之;故不我若也。吾又何能为哉!"

问者曰:"以子之道,移之官理,可乎?"驼曰:"我知种树而已,理,非吾业也。然吾居乡,见长人者好烦其令,若甚怜焉,而卒以祸。旦暮吏来而呼曰:'官命促尔耕,勖尔植,督尔获,早缫而绪,早织而缕,字而幼孩,遂而鸡豚。'鸣鼓而聚之,击木而召之。吾小人辍飧饔以劳吏者,且不得暇,又何以蕃吾生而安吾性耶?故病且怠。若是,则与吾业者其亦有类乎?"

问者曰:"嘻,不亦善夫!吾问养树,得养人术。"传其事以为官戒也。

二、提示

(1)该课文选自人教版高中语文选择性必修下册。

（2）《普通高中语文课程标准（2017年版 2020修订）》的相关规定：

学习中国古代优秀作品，体会其中蕴含的中华民族精神，为形成一定的传统文化底蕴奠定基础。学习从历史发展的角度理解古代文学的内容价值，从中汲取民族智慧；用现代观念审视作品，评价其积极意义与历史局限。

注重个性化的阅读，充分调动自己的生活经验和知识积累，在主动积极的思维和情感活动中，获得独特的感受和体验。学习探究性阅读和创造性阅读。发展想象能力、思辨能力和批判能力。能用普通话流畅地朗读，恰当地表达文本的思想感情和自己的阅读感受。

任务：请根据上述提示，撰写一篇说课稿。

【实训六】 作文课说课实训

一、内容

人教版语文八年级下册的《安塞腰鼓》中运用排比、反复、比喻等修辞手法描写黄土高原上人们打腰鼓时的场景，形成排山倒海的气势。试选择文中的一个片段，模仿其中的修辞手法，描写一个场景。200字左右。

二、提示

（1）找出所选片段中使用的修辞手法，分析作者是如何使用这些修辞手法的。
（2）想想你要描写一个怎样的场景，如何使用这些修辞手法才能收到最好的效果。
（3）《义务教育语文课程标准（2022版）》的相关规定：

多角度观察生活，发现生活的丰富多彩，能抓住事物的特征，为写作奠定基础。写作要有真情实感，表达自己对自然、社会、人生的感受、体验和思考，力求有创意。

写作时考虑不同的目的和对象。根据表达的需要，围绕表达中心，选择恰当的表达方式。合理安排内容的先后和详略，条理清楚地表达自己的意思。运用联想和想象，丰富表达的内容。正确使用常用的标点符号。

注重写作过程中搜集素材、构思立意、列纲起草、修改加工等环节，提高独立写作的能力。根据表达的需要，借助语感和语文常识修改自己的作文，做到文从字顺。能与他人交流写作心得，互相评改作文，以分享感受，沟通见解。作文每学年一般不少于14次，其他练笔不少于1万字，45分钟能完成不少于500字的习作。

任务：请根据上述提示，撰写一篇说课稿。

【任务1】请根据以下内容，分析这篇说课稿"说教材"部分的优点和缺点，并对其作出修改。

孔乙己

鲁迅

说教材

《孔乙己》是鲁迅先生的一篇著名小说作品，学习的主要目的是培养和提高学生文学作品的欣赏能力。它是一篇短篇小说，却极其深刻地反映了孔乙己一生的悲剧和整个社会的世态。它揭露了为封建科举制度所残害的读书人的痛苦，是一篇讨伐封建制度以及封建文化教育的战斗檄文。小说充分运用外貌、语言、动作等方面的描写，鲜明地表现了孔乙己这个人物的性格特点，成功塑造了孔乙己这个封建下层知识分子的形象。学习这一课不仅能帮助学生深刻理解小说的思想内容，而且还能启发学生更好地欣赏小说作品。

【任务2】请谈谈下面这份说课稿的教学目标部分有何亮点？如果让你来设计契诃夫《装在套子里的人》说课稿的教学目标，你会怎么设计？

装在套子里的人

契诃夫

1. 说教学目标

（1）了解作家契诃夫及其作品基本特点。

（2）结合小说情节探究分析人物形象。

（3）理解人物形象的典型意义，把握文章主旨。

（4）学习小说幽默讽刺的手法。

2. 说核心素养目标

（1）语言建构与运用：夯实字音字形基础知识；概括小说情节；分析作品塑造的人物形象。

（2）思维发展与提升：品味语言，赏析小说中富有特色的人物刻画，准确把握人物形象，通过人物语言动作、细节把握人物性格并初步形成表现能力。

（3）审美鉴赏与创造：赏析小说中富有特色的人物刻画，分析小说情节，从小说三要素和塑造人物的手法入手分析人物。

（4）文化传承与理解：理解领悟以讽刺手法来刻画揭露丑恶事物的表现手法，品味语言的讽刺意味。理解别里科夫形象的社会意义和对现代社会的启示。

3. 说教学重难点

（1）重点：把握别里科夫的典型形象，理解其典型意义。

（2）难点：领会文章用幽默讽刺来表现人物性格的写作手法；认识沙皇专制统治的反动与黑暗。

【任务3】请同学们将下面这份说课稿中两个课时的教学过程详细补充出来。

秋天的怀念

史铁生

说教学过程

本文属精读课文，须仔细品味，故分为两个课时展开教学。

第一课时：初读课文，扫清阅读障碍，体味课文中优美的语句，初步领略母亲对于作者热烈深沉的爱；

第二课时：再读课文，沉浸体验作者对母亲的怀念，深入体会作者写作的思想感情。

下编

语文评课

第一章 语文评课概述

随着现代学校教育的发展和教育改革的不断深入,评课已成为学校教学活动的一个重要组成部分,也成为一项有很高的研究价值的课改课题,它对学校教学的推动作用日益显现出来,许多课堂教学模式和课堂教学改革模式就是通过评课发散开去,影响着更多教师的教学理念和课堂教学模式的选择,可以说评课是学校教育教学改革良好的助推剂,对它的研究也必将进一步推动课堂教学改革向更新、更好的方向发展。

第一节 语文评课的概念及特点

一、语文评课的概念

语文评课,是指能依据一定的教育教学理论、理念,对语文课堂教学的教学行为、教学内容、教学方法、教学效果等作出评价及解释。

二、语文评课的特点

评课是学校教育系统的一个重要组成部分,是评价教师专业发展和教学能力的重要手段。因此,学校对说课教师作出的判定应该是科学的,而且这个判定应尽可能综合、全面。

评课是学校教育评价的一个重要环节。因此,语文评课具备如下特点:

(一)评课目标明确

由于评课是对教师的课堂教学行为作诊断,因此评课的目标必须明确,并尽可能具有一定的前瞻性,这样才能为任课的教师今后的课堂教学改革提供方向。

（二）评课方法灵活

可以根据不同任课教师（也可以是一个或多个任教群体）的授课需要适时调整评价的方法，使评课真正起到示范引领的作用。在评课中不应该仅仅停留在客观化和数量化的表面，而应尽可能对课堂教学细节作质的分析和界定，并尽可能使用更多的评课方法。

（三）评课开展连续

对教师的一堂课的评价只是对这一堂课的课堂教学内容和组织过程的评价，而不可能评价到任课者的能力和人格。

如果要对教师的课堂教学行为进行诊断和评价，就必须有较长时间的跟踪研究，并考察这位教师在学校教育教学的各个环节所获得的评价，这样的听课评价才有可能是全面的、科学的。

（四）评课效应具有两面性

评课者在评课前后应和被评价的教师有良好的沟通，尽可能强化评课产生的积极效应，抑制评课产生的消极效应。

评课产生的积极效应一般有如下三方面：一是能强化成功经验，使课堂教学的成功经验在听课者和授课者的思想中都能得到认同；二是摒弃失败的经验，使听课者和授课者都能认识到哪些是不能带来课堂教学效益的因素，并在以后的教学中摒弃它们；三是促进听课者和授课者双方共同反思教授相同教学内容时采用的教学方法，为下一步的课堂教学改进奠定良好的基础。

当然在评课中也难免产生一些消极效果，如容易使教师产生不安全感，尤其在大多数实行聘任制的学校中，评课容易被量化为教师是否具备课堂教学能力的手段，使部分教师在被听课的过程中，不去思考自己课堂教学实施过程中值得肯定的经验和存在的不足，而是首先希望评课者能给予更多的褒奖。再比如，教师在被评课之后，比较容易形成自我概念，产生较为固定的专业发展心态，或夸大自己的课堂教学能力，或总认为自己的课堂教学能力无法提高而止步于目前的专业水平。

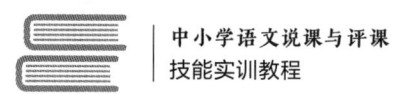

第二节 语文评课的目的及意义

一、语文评课的目的

美国著名的教育评价学者斯塔弗尔比姆就教育评价说过一句非常精辟的话："评价的目的不是为了证明，而是为了改进。"①

语文评课的目的主要是以教师和学生的发展为目的。具体指：一是对语文课堂教学的优劣作出鉴定；二是对语文课堂教学成败的原因作出评析，总结经验教训，提高教学认识；三是对语文课堂教学亮点进行交流，相互学习，相互促进；四是优化语文课堂程序，提高语文课堂效益。

二、语文评课的意义

语文评课是对教师所授的课进行评价，是一种行之有效的研究课堂教学的重要方法，也是一种直接、具体、经常的教学手段，是教师互相学习、切磋教艺、研究教学的重要措施。特别是年轻语文教师，通过听评课，可以不断地提高自己、快速成长。要想成为名师，不断完善自己的教学手段，丰富自己的教学过程，评课更是最佳的途径。评课不只是评价别人的说课，更重要的是听取别人对自己的评价，在实际教学中它有着重要的意义。

（一）语文评课是语文教学实践和语文教学理论之间的桥梁

语文评课既是教研活动又是科研活动，它在语文教学实践和语文教学理论之间架起了一座桥梁。它既是一个验证理论、指导实践的过程，也是一个把实践操作升华为理论的过程。

在语文评课中可以学习吸收大量的教学理论、经验和先进的教改信息，在执教中去运用，也可以把自己的经验总结概括形成理论。如此循环反复，教师的教学业务素质必然会有很大的提高。

（二）语文评课可以交流经验，教学相长

通常就语文教师教学能力的发展来说，可能有两条路可走（从相对意义来说）：一条是磨道式的循环，走一条自我封闭的教学发展道路；一条是螺旋式上升，采取的是对

---

① 斯塔弗尔比姆：《教育评价与决策》，Charlas C. Thomas Publisher 1971年版。

外开放、对内改造的策略，走教学能力发展的道路。

语文评课对开阔语文教师的视野、激发他们的上进心、发展他们的教学能力有着极其重要的作用，能引导语文教师走上教学能力螺旋式上升的道路。另外，听评课也是教育同行进行教材分析、教法研究、教学经验交流的一种好的形式。英国作家萧伯纳说："你有一个苹果，我有一个苹果，彼此交换以后还是一个苹果；如果你有一个思想，我有一个思想，彼此交换以后，每个人就是两个思想。"①

听课者可以亮出自己的观点和招数，比如怎么上这节课、有什么独特的做法……这样能使听者思考教材的重难点和教学设计，达成对文本的深度理解，突出教研的性质；也能使大家各抒己见，让不同见解相互碰撞，继而取长补短，共同提高。

所以，语文教师之间开展听评课活动能达到交流教学经验、切磋教艺的目的。

（三）语文评课可以诊断自己的不足，提高自己的水平

学校领导抓教师的教学有各种各样的途径，其中最主要的是"临床指导"。"临床指导"是指学校领导深入到教室中去，诊断教师教学中的毛病，评估教师，帮助教师改进教学的一种具体技术。为了查清教师教学质量较差的原因，学校领导要有针对性地去听课，在评课时对课堂作出综合分析。分析过程中，在肯定优点的基础上，重点分析问题。要对教师钻研教材、处理教材、了解学生、选择教法、教学程序的设计诸方面做一个透视，分析产生问题的原因，最后提出具体改进的意见。这是一个"诊—断—治"的过程。

语文评课对指导语文教师的教学、提高语文教师的教学水平、提升学校的教育质量有着重大的意义。语文教师在评课时，首先应该明确怎样才能算一节好课。我们经常遇到评课时很多教师不知说什么，更不知道如何评课，甚至有的教师知道说课教师的不足但不知如何表达，或者听了评课教师们对自己的评课，不知道如何改进。因此，要想评好一节课，真正达到提高的目的，首先自己得明确一堂好课的标准。

总之，在语文教学过程中，评课者如果时刻关注一堂好课的要素，在听评课过程中也时刻关注一堂好课的标准，在语文评课时依照以上标准作公平评价，相信每位教师都能很好地定位，找到自己的差距，并尽最大努力提高自己，再在这几个方面反思自己的教学，一定能够取得很大的收获。

同样，教师在和同行的交流中也能显示出自己对语文教学的把握，能够很好地对每

---

① 丹·哈格里夫斯：《萧伯纳演讲集》，英国企鹅出版社2016年版。

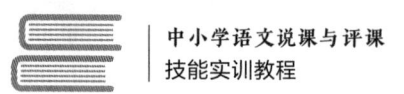

堂课提出中肯的建议,从而得到每位教师的信任。评课同样是一门艺术,特别是对于年轻语文教师来说,在自己的岗位上,要想提高自己,一定要明白听评课的重要性。

第三节 语文评课的原则及标准

评课是对教师课堂教学情况的评价、反馈、切磋和交流,是进行教学研究的重要形式。评课活动对促进教师发展,提高教育教学质量,改善教学现状都有重要意义。随着评课活动的广泛开展和深入发展,对这项活动的研究也不断深入。很多专家、学者和一线教师都从不同角度对它进行了不同程度的研究和探索。有的从理论角度去探究,有的从操作层面去概括。他们研究的共同目的之一是回答"在'新课标'下,如何客观有效地评价课堂教学才能真正达到评课目的"这一问题,这就涉及"新课标"下评课者必须遵循的基本准则和指导思想,即评课的原则。这个评课原则的确定要遵循心理学、教育学、课程论、系统学、哲学等方面的规律。

评课的判断功能决定对一节课的成败、得失要作出鉴定。有鉴定就有一个标准,即什么样的课才称得上是一节好课。对教师来说,掌握这个标准,可以让他们有一个明确的努力方向;对评课者来说,也可以让他们的评价有一个尺度,有一个依据,有一个参照,只有这样,评价活动才会有理有据,具有科学性和可操作性。评课原则和标准的确定有助于完善评课理论体系,也是这项研究活动向纵深发展的重要标志。

一、语文评课的原则

俗话说"没有规矩不成方圆"。每个人做事说话都要有一定的准则,这种人们言论和行动过程中所必须遵循的准则就是原则,它既是客观规律的反映,又是一种社会的约定俗成。评课也必须讲究原则,评课的原则是进行评课活动时评价者必须遵循的基本准则和指导思想。它是根据评课活动过程中的评价目的来确定的,它反映了课堂教学的客观规律和人们对课堂教学发展的客观认识。在进行评课的过程中,只有很好地掌握、贯彻评课的原则,自觉地按评价的根本目的和客观规律开展评价工作,才能有效地实施科学、客观的评价,提高评课工作的质量。

评课必须遵循教学原则,因为教学原则是实现教学目标最基本的保证。评课作为一项教学活动，针对某一堂的具体课时，自然要对照诸项教学原则，考察执教者是否把握了相关的教学原则。但教学原则并非某个教学权威主观制定的，它是在总结长期的教学实践经验的基础上制定出来的，是教学经验的积累和提炼。由于教育的哲学观点不同和对教学过程规律的认识差异，不同国家有不同的教学理论体系，所确定的教学原则也有所不同。制定评课原则同样也会由于立场和观点不同而有所不同。本节所介绍的评课原则，是根据中小学语文教学实践和评课实践的经验积累而制定的，是一家之言，仅供参考。

（一）方向性原则

评课的方向性原则，就是指评课工作要对课堂教学的发展方向起到监督和保证作用。

当前，课堂教学正面临着一场深刻的变革。习近平总书记曾指出，"教育决定着人类的今天，也决定着人类的未来"[①]。从社会的大环境来说，当前的教育教学在实际操作中力求体现这一点，面向现代化建设，面向21世纪，培养德智体美劳全面发展的社会主义事业的建设者和接班人。从《义务教育语文课程标准（2022年版）》和《普通高中语文课程标准（2017年版2020年修订）》的要求而言，眼下我们的语文课堂应当致力于学生语文核心素养的形成与发展。语文核心素养是学生学好其他课程的基础，也是学生全面发展和终身发展的基础。因此，语文课程应培育学生热爱祖国语文的思想感情，指导学生正确地理解和运用祖国语言，丰富语言的积累，培养语感，发展思维，使他们具有适应实际需要的识字写字能力、阅读能力、写作能力、口语交际能力。语文课程还应重视提高学生的品德修养和审美情趣，使他们逐步形成良好的个性和健全的人格，促进其德智体美劳的和谐发展。上述这些深刻的变革，是目前我国教育教学改革发展总的指导思想，也应该是我们评课总的指导思想。

而遵循方向性原则就是要以评课总的指导思想为基础来进行评课。首先，应充分认清评课的目的是改进课堂教学，其最终目的是检测课堂教学能否达到素质教育的各项目标的要求。制定评价标准的权重系数、评价过程和评价结果的分析反馈，是评价工作中体现其方向性的核心内容，因为不同的评价标准是受不同的教育思想所制约的，而在实际中，它往往具有直接的导向作用。其次，还应注意到，评课的方向应该对课堂教学的改革具有直接的导向作用，在实际评价中，评价者应在素质教育对课堂教学各项要求的指导下，充分肯定课堂教学中的先进经验，从而促进课堂教学朝着规范化的方向发展。

---

① 人民网：《努力办好人民满意的教育（治国理政·新理念 新思想 新战略）》，2017年9月8日，https://politpcs.peiple.com.cn/GB/n1/2011/0908/c1001-29522492.html。

另外，在今天的语文教学评课活动中，存在着以下几个迷失方向的评价误区。

1. 用老眼光看新课堂

说课者的观念变了，他们努力探索"新课标"，实践"新课标"，而部分评价者的思想观念仍未转变，还停留在传统的评价观念上，潜意识中仍然认同"教师中心"这一观念，这势必给说课者的改革实践带来消极影响。

2. 过高估计教师和学生水平，脱离实际

在评课过程中，评价者过高估计教师和学生的水平，潜意识中认为教师的教改课堂应该是十全十美的，学生的理解应该很到位。如果教师在课堂上出了一点差错，就认为一堂失败的课；如果学生回答问题不到位，就认为教师引导不得力。其实，许多教师都是第一次接触"新课标"和新教材，即使领悟了改革的精神，但在具体操作中仍会出现把握不住的情况；而学生自主学习得出的答案也不一定准确、深刻，甚至可能只说到了问题的皮毛。

3. 只看表面，不重实效

一直以来，课堂上的气氛热烈是上课成功的标志之一。只要学生举手了，发言了，讨论了，就是一堂好课，而不关注学生学习的实际效果。只看表面，不看效果，这就是形式主义。这样的评课实际上很难收到实效。

4. 只重视教师的展示，不重视学生的自主探索

评课时对教师的角色比较看重，认为教师只要自身展示得好，讲得头头是道，引导得当，就是一名好教师，就是上了一堂好课。而课程改革倡导教师转换角色，教师的主导作用不仅仅是组织教学，更主要的是让学生学会学习，进行自主探究，使学生通过自己的感悟深入理解，教师只是以平等的身份参与课堂学习。

5. 只重结论，不重过程

只重结果，不重过程，这是传统教育评价的显著特点。评课者只关心通过这节课学生掌握了多少知识，而没有重视这些知识是死记得来的，还是在教师的引导下，通过自主学习得来的，没有对学生学习的过程给予充分的关注。

6. 只重视学生自主学习，不重视教师的引导

"新课标"强调自主、合作、探究的学习方式，在创新学习的前提下，教师非常重视让学生进行自主学习，但有时候却忽视了对学生进行必要的引导。评价者也会产生这

样的倾向：只看师生互动多少，抛弃了教师教的环节，使得评价不全面。从一个极端走向了另一个极端。

7. 只重视教学手段，不重视教学过程

现在，信息技术发展迅速，学校的智能化设施越来越完备，这就为课堂教学提供了良好的条件。毋庸置疑，多媒体、AI 智慧室可以增大课堂容量，增强形象直观性，提高学生的学习兴趣，收到意想不到的效果。但是，在评课过程中，却出现了"不用多媒体就不是好课，就不能获奖"的现象，把教学手段和教学过程的作用弄颠倒了。

如果不及时走出上述评价误区，那么课程改革必将流于形式，事倍功半，甚至劳而无功。为此，在新课程的课堂教学评价的理念上，评价者要十分注意评价的方向性，千万不能信口开河，以免使一些教学经验不足的教师迷失了方向。

新理念下，语文课堂评价应朝着怎样的方向行进呢？有学者认为，现在的课堂是一种主体主动参与、主动发展的课堂，应以主体发展为价值取向。所以，评课应从传统的"以教评教"向"以学评教"转变。一堂课的优劣不仅要看教师的发挥，更要看学生在课堂上是否处于主体地位，个性、能力等在课堂上有没有得到充分的发展，知识有没有充分掌握，个性和品格有没有得到发展，等等。看学生听课成效应关注以下几点：

1）看学生的情绪状态

学生的情绪状态直接影响着教学效果，如学生在课堂上的情绪是否饱满，学生是否保持良好的注意状态，学生的学习兴趣是否浓厚，学习热情是否高涨等。如果一堂课中学生对知识的渴求始终保持着较高的热情，那么，这堂课中师生之间必能形成良好的氛围，情感双向和谐交流。

2）看学生的活动广度

学生的活动广度可以从以下两方面来理解：一方面是指学生的每一种感官都能积极、主动地参与到教学活动中来。一堂课中我们要关注学生的全面发展，既要观察他们的阅读、表达、交际能力的发展，又要注重观察能力、情感体验等方面的发展；另一方面是指学生的参与广度，如学生举手答题率超过 80%，学生小组活动超过 90%，等等。

3）看学生的活动时间

看学生的活动时间即看一堂课属于学生自己的时间究竟有多少。传统的教学是"灌输式"的教学，学生被动地接受学习内容，很难有自己发挥的空间，而以主体发展为价值取向的课堂则恰恰相反，它鼓励学生拥有较多的自主学习时间，这样就可以发展学生的自主学习能力，还有利于小组学习的开展和合作学习的实施。

4）看学生的参与方式

看学生的参与方式是否多样，如独立学习、集体讨论、小组学习、动手操作等。一堂课内学生的参与方式可以是独立学习，可以是小组学习，也可以是多种方式的混合。这样既可以形成良好的课堂氛围，又可以促进学生多种能力的协调发展。

5）看学生的参与品质

学生参与教学活动的品质是极其重要的，它是价值观的显现。具体表现如下：学生是否善于倾听，理解他人的发言，并能及时抓住要点；学生能否很好地与他人沟通；学生是否普遍具有问题意识，能质疑发问，发表不同意见；学生是否具有较强的动手能力等。

6）看学生的活动认知水平

评价一堂课的成功与否，一项重要的标准是看学生的认知活动水平。传统的课堂是接受式、再现式的认知活动，是低水平的认知活动；现在的课堂应该是高水平的认知活动，即发现式、探索式的。

7）看学生的参与效果

教学效果是评判教师教学质量最有力的一点。具体教学效果主要看95%以上的学生是否通过努力达到了教学目标；学生是否通过学习，形成了能力发展趋向，如学会学习的能力得到发展，具有较强的学习主动性等。

（二）科学性原则

评课的科学性原则，是评课生命力之所在，它是指评价标准的科学性、评价方法的科学性，以及评价过程的科学性。评课的科学性，要求评价应符合教育规律，遵循课堂教学的逻辑规律，依据统计分析规律，这是对评课在理论和手段上提出的更高要求。

遵循科学性原则，一是应注意不宜过分强调量化，虽然在评课中要尽可能地对获取的信息进行量化，但由于课堂教学是一种复杂的教学活动，完全对它进行定量的评价，还是难以办到的。二是应注意，对于课堂教学这门科学来说，在评价过程中必须遵循它的科学性。只有依据课程标准、教材、社会需要和儿童身心发展规律，制定出来的评价标准才是科学的，才能充分调动评价对象的积极性，从而使评价活动走上科学的、令人信服的正常轨道。

目前基础教育课程改革正在我国如火如荼地展开，这场旨在全面提高国民素质、增强民族创新能力的重大变革，主要涉及基础教育的各个领域和层面，其中教育教学评价方式的改革将直接影响到现行的课堂教学评价。

教育教学评价作为主体对客体工作价值所做的观念性的判断活动，是在事实的基础上进行的，更接近于教育教学实践活动。其强烈的实践指向性，对学校的教育教学实践活动具有明显的导向作用，课堂教学评价作为教育教学评价形式之一，不仅具有鲜明的导向、激励功能，更具有突出的研究、诊断、鉴定功能。评价人员正是通过听课调查来了解教师的教学实际状况，获取必要的课堂活动信息，并在一定理念的观照下用一定的标准来处理信息，从而作出判断性的认识。这种认识成为衡量、鉴定课堂教学质量优劣及教师专业化水平高低的主要依据。因此，评价主体本身评价观念是否滞后，评价标准是否符合时代发展的要求，直接影响到评价结果是否正确。如果因循于传统的教学思想，固守落后的评价理念，不仅不能对教师的教学工作产生积极的督促和指导，反而会对学校教育教学工作带来极大的负面影响。

教师的教学活动实质上是教育者深层的教学思想的具体化和现实化，课堂教学评价是评价主体内在的教学观，通过一定的评价指标在评价对象上的外显。传统滞后的教学观必定衍生出传统滞后的课堂教学评价标准，误导具体的教学实践活动。从大量的课堂教学实例和课堂教学评价标准中，我们可以明显地发现传统教学评价的弊端和局限。

传统的教学评价认为，教师是课堂教学活动中的主体，是知识的化身、权威和代表，又是知识的传承者。教师教得如何，决定学生学得如何，学生只需要遵循学校和社会所制定并沿用下来的习惯去被动地接受知识。因此，传统的教学评价的重点是审视教师的教学行为，重教师轻学生，重教学轻学习，忽视了学生在学习中的主体地位和作用。

传统的教学评价重视对知识结论的传授而忽视对传授知识过程的评价，认为教学就是教师按预设的方案，在规定的时间、特定的场合按规定的流程把知识经验结论传授给特定对象。评价关注知识的结论是否正确，传递方法是否得当，忽视了对学生在求知过程中获取知识的能力培养的评价。

传统的教学评价重视对教学中认知目标达成情况的评价，把认知目标作为课堂教学中的中心或唯一的目的，只关注学生认知水平的发展，而忽视对其在积极的学习体验中情感、态度、世界观、人生观、价值观以及个性的全面发展水平的评价。

传统的教学评价过分关注教学活动的完整性、规范性，机械强调教师是否按预设的方案完成了教学任务，程序是否合理，环节是否相扣，进度是否得当，忽视教学活动的科学性、灵活性与生动性，忽视了教师教学的机智与变通，更忽视了对学生独特性、创造性思维行为的发现与引导。

传统的教学评价过分强调课堂教学评价体系的严密和评价指标的完备。评价一堂课，从教学目的、内容、方法、进度、效果到课堂提问、板书、语言、教态、多媒体运用等无不面面俱到，求全责备，忽视了对课堂教学针对性、实效性的评价，偏离了从学生的学习需要出发，偏离了有利于学生发展的评价目的。

传统课堂教学的诸多弊端与局限中，最根本性的弊端在于对教学活动中主体认识的错位。现代教育理论明确地告诉我们，只有学生才是课堂教学活动中的真正主体。首先，教育的基本目的和终极目的都在于人的培养，人类文明必须通过对人的培养才能薪火相传，社会的发展进步实质上是人的发展进步。其次，学生只有通过学习才能掌握适应终身学习的基础知识、基本技能和方法，才能具有正确的人生态度和价值取向，才能具有健康的思维方式和心理素质，才能真正成为社会发展所需要的人。最后，也只有学生才是"具有发展可能的人，具有主观能动性、有可能积极主动参与教育活动的人"①，只有学生真正地发挥了自身的主体作用，学习进程才能有效地开展，教育目标的实现才成为可能。因此，课堂教学的中心应在于学生，而不在于教师。教学在人的潜能向人的现实素质的生成过程中起着中介的作用，教师在这个中介中，并不是活动的主体，而只是学生这一主体的引导者、促进者、帮助者。这种对学生主体的重新审视和认识，才是符合新课程理念的课堂教学评价的核心。

值得注意的是，由于课堂教学的实施者和评价者对新课程理念认识的偏颇或肤浅，导致在批判传统、探索新的课堂教学与评价方式的同时，出现了许多新的形式主义的现象：教学中的预设缺少有价值的问题，学生按事先的准备发言，争先恐后，小手如林，对答如流，把这种预先有准备的参与认为是学生积极地参与学习，发挥了主体作用；把学生原有的"秧田式"座位改变为圆圈式、小组式，就认为是分组教学，合作学习，师生互动；学生按教师预设的内容与程序进行毫无意义更无创意的"表演"，为活动而活动，就认为是在主动自主学习与探究；无论是何种课型和什么教学内容，千篇一律地使用多媒体设备，出现几张代替板书的课件或几张教学流程图，就认为是在使用现代教学手段开启学生的智慧，等等。诸如此类的"泡沫教学"现象，造成了课堂教学改革中的虚假繁荣，不仅为改革课堂教学与评价提供了反面借鉴，也从另一个侧面提出了改革的迫切性与重要性。

课堂教学评价的对象是课堂教学系统，这一复杂的系统由教师、学生、教学目标、教学内容、教学手段及教学过程实施等诸多要素构成。但其核心的要素是教师、学生在课堂教学过程中的活动、关系及其变化，而又尤以学生这一学习主体的活动最为重要。因此，在具体的课堂教学评价实践中，评价者要遵循科学原则，重视用"新课标"理念

---

① 叶澜：《新世纪教师专业素养初探》，《教育研究与实验》，1998年第1期，第41-45页。

去审视教学中学生的活动状态、教师的活动状态以及教学过程的发展状态，从这三方面去构建新型的课堂教学评价体系，去关注、分析、诊断课堂教学活动，以得出正确、科学的评价结论，具体如下：

1. 学生的活动状态

1）学生在课堂教学活动中的参与状态

主要从两个方面去关注：一是参与的量，学生主动参与学习的人数有多少，是全员参与还是部分参与；学生参与的时间有多长；是教师活动的比重大还是学生活动的比重大；学生个体参与的次数如何，是偶尔为之还是一贯性的参与。二是参与的质，学生是积极主动参与，还是消极被动参与；参与过程中学生是否表现出强烈的兴趣与需要，学生的思维状态是否活跃；是否对所学内容充满信心；是否敢于质疑问难、提出异议；是否能发表富有挑战性、有创意的见解。

2）学生学习方式的转变状态

学生是否真正从接受式学习模式中摆脱出来，进行自主的、富有个性的学习；是否能在教师的辅导帮助下探索求知，主动建构自己的知识模块；是否能与教师、同学进行有效的合作交流，在互动中实现心态的开放、个性的张扬和创造性的解放；是否能真正学会倾听、协作、反思、分享和理解。

3）学生的知识生成状态和情感体验

学生通过学习活动，每个人是否都有了属于自己的知识进步，形成了对所学知识的更深层次的理解；是否都学会了某种新的学习方法，提升了探究和发现问题的能力；是否获得了积极的情感体验，享受了发现和获取新知的愉悦，增强了对未来学习的渴望和信心。

2. 教师的活动状态

1）教师的活动要真正体现以学生为本、以学生的发展为本

首先，教师是否真正尊重了学生的主体地位，以平等的身份参与学生的学习，始终对学生充满热情与爱心，充分信任每一个学生，保护每个学生的自尊心和好奇心，赏识学生的异议，甚至宽容他们的错误。其次，教师是否真正注意了发挥学生的主体作用，是否始终如一地以学生学习的合作者、促进者或指导者的身份出现。最后，所选择的一切教学内容、形式与手段，是否都是从学生的发展出发，都是为了调动学生的需要与热情，都是为了激发和推动学生自主学习的独特性和创造性。

2）教师要全面合理地运用有效的教学策略

教学策略的每一方面都有利于学生主动地自主学习和创造性学习，在教学目标、内

容的认定与设计上,符合学生的心理年龄特征、认知能力和情感发展水平,能有效地结合学生的旧有知识和生活体验。在教学方法的设计和手段的运用上,能帮助学生发现与探究知识,开启智慧之窗,能创设积极向上、宽松和谐的课堂教学氛围来感召和促进学生的发展。

3)教师要在教学活动中表现出良好的专业素养

首先,教师应具有高超的教学组织能力,能游刃有余地驾驭课堂,把握教学活动的发展方向与节奏。其次,教师要具有足够的教学机智,能灵活应对课堂教学中出现的各种意外,发掘出意外中蕴藏的创造性因素,随机应变,因势利导,对教学活动进行合理的调控。最后,教师能表现出较好的专业技能基本功,教学语言精当,板书规范,示范正确,操作娴熟,能合理和熟练地运用各种现代化教学设施。

此外,作为更高层次的要求,教师应具有鲜明的教学特色与教学创新,在教学设计、资源运用、教法选择、手段安排等方面都有个人独到的创意,能在课堂教学中努力表现出个人的教学风格。

3. 教学过程发展状态

1)教学过程始终呈现出积极向上的课堂文化氛围

在整个教学活动中,师生与生生之间进行真诚的合作、平等的交往、有效的互动,洋溢着期待、鼓励与赏识,体现民主、平等与开放。探究的紧张与刺激、发现的机智和冷静、成功的自豪与骄傲,构成张弛有致的课堂节律和宽松和谐的情趣,使每一个学习主体都在这种文化氛围的熏陶下,获得知、情、意、行的全面发展。

2)教学过程始终重视探究与发现

这是教学过程质量高低的突出标志,教与学的重点不在于简单地传承知识的结论,而在于揭示知识形成的过程与规律,学生学习所需要的也不仅仅是知识的结论,更重要的是培养其发现知识结论的能力。

在教学过程中,要有足够的时间、空间和必要的教学资源与智力帮助,来保证探索发现充分而有效地进行,让学生在提出问题、探究问题、解决问题的循环往复中自我观察、探索思考、发现与创新,从而获取新知,掌握规律,并获得积极的情感体验。

(三)重实效原则

重实效原则也可称为评课的客观性原则。广义讲,就是指要求评价尊重客观现实,以科学的资料为依据,对教育活动进行科学的价值判断,使评价富有实效性。狭义讲,就是要从具体事实出发,评价的过程、结论要做到客观公正。追溯评课的历史,不难发现,评价正是从探讨其客观性而展开的。因此，强调评价的实效性，既是当前评课的显著特点，也是评课应遵循的一项重要原则。

遵循重实效原则，首先，应注意要求评价标准符合课堂教学的要求，符合教学客观实际的要求，要求评价者必须以搜集全面、系统、准确、真实的信息资料为基础。其次，应注意评价者必须按照评价标准来客观地评价对象，既不能因考虑照顾某些评价对象而擅自修改既定的标准，也不能因有意排斥某些评价对象而提高标准。最后，评价前要努力避免、克服主观随意性，在评价过程中，要积极采取相应的措施，防止一些不良的心理效应影响评价过程及评价效果。如果评价是客观的，可以更好地发挥其激励作用，提升评价对象的信心；如果评价掺杂偏见、个人感情等主观因素，就会挫伤评价对象的积极性，造成评价者与评价对象双方心理平衡失调，从而影响评价的效果。

要想在评课时做到客观、实在，那么认清当前教学的规律性是十分重要的。在实施"新课标"的过程中，部分教师的教学中存在着一种赶时髦、只讲究形式不求实效的现象，笔者把这样的现象称为摆花架子的"课堂作秀"现象。当前，语文课堂上的"作秀"主要表现为以下几个方面：

1. "情境秀"

1）设有情境，但无助教学

有的教师误认为在课堂中设置的情境越多，就越能够使课上得有声有色。笔者曾见过这样一节公开课：教师在教学"语文园地"时，将自己打扮成导游模样：一手持导游旗，头戴导游帽，胸挂导游证，学生也人人头戴旅游帽，教学内容被融合于各景点之中。整节课中，教师热情洋溢地解说，但学生往往不明白状况，被情景的多次调转弄得晕头转向。试问：平时的课堂能如此大动干戈吗？再问：如此情境中学生对知识信息的吸取是强还是弱呢？

2）有助教学，但太过冗繁

人教版语文五年级《草原》是一篇优美的讲读课文，一位教师在导入这篇课文时是这样设计的：教师先播放一段《草原之歌》的音乐，然后要求学生闭上眼睛感受，想象草原的画面。在悠扬的乐曲声中，孩子们跃跃欲试，纷纷发言："我看到了蓝天上飘着白云。""我还看到了白白的羊群。""还有放牧的姑娘。""以前我看过电视，草原上有大雕……"孩子们的思维活跃起来，想法越来越多。为了准确理解课文教师又安排了一段反映课文内容的草原风光的录像。学生们在这种情境的引导下仿佛真的置身于那如诗如画的草原中，此时教师才真正开始了这篇课文的教学。令人遗憾的是此时一节课已近尾声。

2. "合作秀"

眼下几乎在所有的课堂中，我们都能看到小组合作学习的形式的运用。有位教师在教学人教版语文二年级《小鹿的玫瑰花》一课时，引导学生进行了两次合作学习。

第一次：请小朋友们自由读课文1～3自然段，然后四人小组讨论：为什么小鹿没有看见玫瑰花的样子？

第二次：请同学们齐读课文4～8自然段，然后同桌讨论：小动物们都是怎样夸小鹿种的玫瑰花的？

课堂上学生四人围坐在一起，你一言，我一语，合作学习的场面可谓"热闹"，可之后的交流却颇令人失望，学生照本宣科，答案千篇一律。

其实合作学习过程中出现的现象远非如此，具体还表现在：合作学习的任务不明确，学生在开展合作学习时显得很盲目，没有从教学的具体内容和学生的学习实际出发，把握合作学习的时机，调节合作学习的时间，而是单凭教师的愿望，想要学生什么时候合作就什么时候合作，想要学生合作多长时间就合作多长时间；学生的合作学习缺乏教师的指导，学生无法有效地合作，无法真正地合作；学生合作学习时，有的教师袖手旁观，对学生的合作学习缺乏必要的监控，或对学生的合作学习放任自流等。

3. "媒体秀"

现在的观摩课似乎不采用现代教学手段就是保守，就是观念不先进。为此，上课前教师总是不惜花费时间、人力、物力、财力精心制作课件，可结果并不理想。

曾看到一则人教版语文三年级《赵州桥》的课件，该课件以大量的图片资料展示了赵州桥的地理环境、全貌，却没有用于解决课文的重点"抓住重点词句正确理解第2、3自然段的主要意思"，以及难点"理解这种设计在建桥史上是一个创举"的内容。运用这种课件教学，由于忽视了教学目标，学生不能深入地把握文章的主旨，头脑中只是一些赵州桥的外观及周围环境的零碎画面。

4. "表演秀"

表演法常常见之于语文课堂教学，特别是故事性较强的文本教学中。但是，有的教师却对之盲目加以使用。他们不看文体，不看课文内容，也不看学生的年龄层次，只管让学生表演，结果弄巧成拙。这样做的后果不仅是教师自己落得个肤浅做作、华而不实之嫌，更主要的是浪费了学生宝贵的40分钟，学生的学习时间在混乱的表演讨论、编排中流逝，而他们所得却很少。更有甚者，在课堂上，听不到学生对文章的诵读，没有对好词佳句的积累，也没有对文章内容的领会，有的只是几组学生轮流上阵，以及全班学生的捧腹大笑。这样的课当然会让学生认为轻松愉快，但真正意义上的收获很少。

5．"生成秀"

1）学生质疑，漫无边际

在人教版语文六年级《卖火柴的小女孩》一文的教学中，教师让学生说说有什么不明白的地方。有的学生说："世界上还有个卖火柴的小男孩，他叫小珊迪，命运也很悲惨，这小男孩与小女孩有没有关系？"还有一位同学说："小女孩生活痛苦，却带着微笑离开了人间，这幸福是真的还是假的？"显然，这些问题已经偏离了课文内容，教师若不能很好地加以调控和引导，就会使课堂教学脱离教学目标，无法正常完成教学任务。

2）面对生成，不假思索

一位教师在执教人教版语文二年级《狼和小羊》一文后，鼓励学生大胆质疑，这时有位学生问道："难道这只小羊就这么可怜吗？这时候就不会有什么奇迹发生吗？"这位教师马上"因势利导"，没过多久，善于想象的学生积极举手发言，假设了其他可能发生的情况，比如这时候，来了一位勇敢的猎人……谁也没想到，这只狼一头撞到了一块大石头上，结果一命呜呼了……不难看出，寓言的主题已经黯然失色。

当然，作为一名评课人员，不光要认清上述没有实效性的课堂"作秀"现象，还应善于引导教师努力克服这些现象，将实效性原则贯穿到课堂中去。因此，针对上述"作秀"现象，提出以下相关对策。

针对"情境秀"，教师应明白：语文教学过程中情境的创设是为了激发学生的学习兴趣，丰富学生的情感体验，促使学生产生探究的欲望、解决问题的热情与责任感，如能恰当运用，则会取得事半功倍的效果。若是雷同上述列举，把形式和内容机械地割裂开来，非但未能"披文入境"，反而白白浪费了师生的时间和精力。为此，要正视情境创设，切实有效地把握情境运用时机，这是提高课堂教学效率的先决条件之一。

针对"合作秀"，教师应明白：虽然"新课标"积极倡导自主、合作探究的学习方式，但是，我们不能为了合作而合作。有的问题很浅显，答案简单，一眼就可以看出来，还需要合作探究吗？"好钢还要用在刀刃上"，合作的问题应该有思考价值，而且不宜过多。

第一，出现了新知识，需要新能力时可以让学生合作探究；第二，遇到了大家都希望解决的问题，而且问题有一定难度时，可以让学生合作探究；第三，当学生的意见不一致，而且有必要争论时，不妨让持相同意见的学生一起探究，准备与对方争辩。小组合作学习还应明确分工,主持人、记录员等各司其职。每位组员既要学会表达见解,还要学会倾听意见,这样才能真正发挥小组合作学习的整合功效。

针对"媒体秀",教师应明白:语文教学中引入计算机辅助教学后,对课堂教学效率的提高无疑起到了不可低估的推动作用。

因此,教师在设计课件时,首先,应明确使用该课件要达到什么目标,要解决教学中的什么问题,如何才能把这些问题用多媒体特有的优势表达清楚。其次,教师必须充分估计学生在学习过程中可能会遇到的问题和困难,并使多媒体成为学生学习的"导航站"。最后,在课件展示时要摆正师生关系,坚持从学生的需求出发灵活掌握演示进程,让多媒体成为学生发现探究、接受知识并最终掌握知识形成能力的工具,成为学生学习的好帮手,成为教师辅助教学的工具,而不是一种"美丽"的摆设。

针对"表演秀",教师应明白:语文课堂上的课本剧表演,是一种深读课文,推敲课文语言、文字,体会人物情感并将其"形诸于外"的排演过程,是一种特殊的阅读理解手段。因而,在表演课本剧前,首先,要反复阅读材料,圈画出重点词句,如人物的动作、语言、神态等词,然后在讨论中把握角色。其次,要让学生深入研读"剧本",深刻把握故事情节的发展、生动的对话、形象的动作及人物细腻的神情变化等内容。最后,在表演时,教师要鼓励学生充分发挥想象力,对剧本进行大胆的创造,使剧本显示出表演者飞扬的灵性来,使学生再次超越自我。

针对"生成秀",教师应明白:虽然"新课标"、新理念重视并倡导课堂教学中的生成性,但是语文教师不要盲目追求语文课堂教学中的生成性,而应站在语言学习的高度,坚持语言学习的规律,不断丰富学生的语言积累,在实实在在的语文实践中发展学生的科学思维,培养学生的思辨能力、质疑问难的精神,让母语的学习为学生的生命发展奠基。

(四)全面性原则

课堂教学是一种复杂的、多维的活动,并不是孤立存在的,它是一个开放的大系统,与时代发展的各种因素息息相关,表现出多结构、多类型、多层次、多目标和多因素的特征。评课的全面性原则,就是要求评价者在处理问题时,要从全局的观点出发去了解事物的全貌,把握事物的整体及发展的全过程,进行全面的分析、评价。

当前,在评课中常常出现两种错误倾向:一是只注意到了一节课的整体分析,而忽略对局部的分析,如只分析课堂结构而忽略教学方法的分析;二是脱离整体,孤立地对局部进行评价,如孤立地评价教学手段而忽略对教学效果的考察,孤立地对待评价结果而忽略对教学的考察等。因此,评价者应注意树立整体意识,坚持在评价中,把点和面、局部和整体有机结合起来。

遵循全面性原则，首先，应注重评价标准的全面性，在针对评价内容制定其评价标准时，要尽力反映目标所包含、覆盖的全部内容，如果不全面考虑评价标准的全面性，其评价结果就会令人质疑。其次，还应注意贯彻全面性原则并不是对评价标准中的各个项目都等量齐观，不分主次，而是应该做到恰如其分，各得其所。最后，评课者在对自己熟悉的教师进行评课时，还应注重评价过程中信息搜集的全面性。评价一个教师课堂教学的优与劣，既要看当前所听的课，还要看平时的课；既要看上课的效果，还要看教学的成效，避免从某一方面对课堂教学妄下结论。

（五）激励性原则

评课的激励性原则，就是评价者利用某种因素激发评价对象内部产生某种需要，有利于调动评价对象的积极性。评课的目的是通过评价来互相学习，共同提高，促进各评价对象把工作做得更好。因此，在制定评价标准时，要坚持从评价对象的实际出发，不过高也不过低，使大多数评价对象通过努力都能达到。

遵循激励性原则，评课者在具体的评课实践中要努力注意以下几点：

1. 评课要有准备，切忌信口开河

评课时的准备工作主要是对听课时所获取的感性材料进行细致的分析综合，使之上升为理性的东西。听课时往往会发现一些问题，评课时要对这些看起来似乎各自独立的问题加以仔细分析研究，发现它们之间的本质联系，还必须注意揭示那些被表面现象所掩盖着的本质问题。

2. 评课要有重点，切忌吹毛求疵

评课的重点应主要围绕教学任务的完成情况、课堂教学的组织结构、课堂信息的传递结构、学生思维活动的密度和质量、教师的基本功等方面进行，因此不要在琐碎的问题上吹毛求疵。有的教师在听课时往往抓不住课堂教学中的要害问题，总喜欢对教学中出现的偶发性错误抓住不放，这是一种舍本逐末的做法，应该尽量避免。因为这样做，不但不能帮助教师提高教学水平，反而会严重地伤害教师的自尊心。比如针对教学任务的完成情况，应当要看教学目标的确定是否合理，其标准是否可行。而这些目标的确定，则要关注其是否符合教育目标的要求，是否紧密联系教学内容的实际，是否符合本班学生的实际水平和能力现状，是否突出了本节课的重点内容等。

3. 评课要全面衡量，切忌以偏概全

在听课中往往会发现，有些教师在某方面有十分突出的优点，令人赞叹不已，例如板书写得很漂亮，或者板图画得非常漂亮，等等。这些突出的优点往往会使听课的人产生一种愉快的心境。相反，有时候也会因为授课教师存在某一方面的缺陷，而给听课者带来沮丧失望的心境。心理学研究表明，不管任何性质的心境都具有强烈的弥散性。也就是说，这种愉快和失望的心境使人们在其他问题上也会带上同样的感情色彩，产生"一好遮百丑"或"一丑遮百好"的心理感觉。

因此，如果在听课时发生这种情形，那么在评课时要特别注意防止感情用事、以偏概全。如可以评一评教学的整体结构是否完整有序，体现完整性的各个要素的排列是否有序，这个顺序是否符合教学规律，是否符合学生的实际，是否符合课型特点，等等。

4. 评课要因人而异，切忌程式化

评课的角度和深度要根据被评教师的实际情况决定。评课时应特别注意以下三点：

1）注意教师的年龄差异

对于有多年教学经验的中老年教师，要把评课的重点放在教学指导思想方面，对于一般性的问题可以讲得概括一点，不要不厌其烦地谈论教学细节问题。同时要帮助其总结经验，并使之上升为理论性的东西；对待刚参加工作的年轻教师，要细心指导，持扶持态度，评课要具体，可以就教学细节提出具体的改进意见或努力方向，但不要求全责备。可结合实际讲一些教学理论问题，并注意不宜太多、太深。

2）注意教师的性格差异

对待性格谦逊的教师，可推心置腹、促膝长谈；对待性格直爽的教师，可直截了当，从各个角度与其认真交流；对待性格固执的教师，应谨慎提出意见。

3）注意教师的素质差异

对待素质好的教师，要提出新的目标，以求不断进取，形成个人的教学风格；对待素质一般的教师，要注意鼓励、鞭策，使其充满信心，迎头赶上；对待素质较差的教师，要诚恳地帮助他们认识到教学中的不足，促使他们苦练基本功，提高自身素质。总之，评课要看对象，不能一个程式往上套。

5. 评课要实事求是，切忌片面性和庸俗化

评课既要充分肯定成绩，总结经验，又要揭露问题，提出错误。有些评课中的庸俗化要注意避免，如只谈成绩不谈缺点，或者对一些明显存在的缺陷，讲一通模棱两可的话，甚至把缺点也说成优点，讲假话或吹捧等，这些评课中的不正之风，无论对授课者本人，

还是对于参加评课的其他教师，都是十分有害的，要坚决反对。总之，在评课中保持真诚是一种修养。

（六）公平性原则

评课的结论性意见以及反映上课教学水平的等级的确定，与教师的职称评审和教师荣誉称号（诸如教坛新秀、名师、特级教师等）的获得密切相关。因此，评课对于每个参评者是否公平是至关重要的。倘若评课未能体现公平性，就会产生诸多负面影响，不但会影响到相关的评比，更会挫伤参评者的积极性，降低参评结果的可信度和活动组织者的信誉。

要想体现评课的公平性，评课者需要较强的业务水平和丰富的经验，把握评课的精确性。但仅此还不能保证不失评课的公正性，更重要的评课者需有高尚的职业道德，不徇私情，不屈服于种种压力，敢于说真话，说实话，要做到这一点确实是件不容易的事。因而，为了体现公平性，也需要相应的纪律和制度予以保证。

二、语文评课的标准

评课作为一种质量分析，首先应该有一套评价标准。利用这个标准作为一般的尺度去衡量一堂课的优劣。但是课堂的主体毕竟是活生生的、有灵性的、有可塑性的人，不能完全像产品一样可以量化评估。也因学科、年级、评课目的不同难以运用同一标准进行课堂质量评价。所以对课堂评价也应做定量与定性相结合的分析。

（一）评价教学目标的一般标准

（1）教学目标全面、具体、适宜，符合课程标准理念、学生实际、教师的素质和现有的教学条件。

（2）重点、难点把握得当。

（3）教学目标能成为教学中的一条主线，贯穿始终，能突出教学目标指向、标准，对教学起激励作用。

（二）评价教学内容的标准

教学内容准确、科学，能根据教学规律、教学目的、学生的知识基础和年龄特点，对教材进行合理的补充调整。要注重发掘教学内容的人文内涵，强调基础性、挑战性、实践性的结合。要体现精讲多练、课外是课内的延伸、教师是主导、学生是主体的教学观。

一般从教学内容角度评价语文课有以下几个层次的标准：

1. **最低标准：教师知道自己在教什么**

- 教师对所教内容有自觉意识。
- 所教的是"语文"的内容。
- 教学内容相对集中。

2. **较低标准：教学内容正确**

- 教学内容与听说读写的常态一致。
- 教学内容与学术界认识一致。

3. **较高标准：教学内容的现实化**

- 想教的内容与实际在教的内容一致。
- 教的内容与学的内容一致。

4. **理想标准：语文课程目标的有效达成**

- 教学内容与语文课程目标一致。
- 教学内容切合学生的实际需要。

（三）评价教学过程的标准

（1）教学思路清晰，结构严谨，环环相扣，过渡自然，教学密度合理。

（2）面向全体学生，公平、公正地对待每一位学生的发展，因材施教，注重班集体的共同成长。

（3）课堂容量适中，传授知识的量和技能训练的度比较适宜，把握重点，突破难点。

（4）能营造轻松、有趣的课堂学习气氛，引导学生主动参与学习，倡导自主、合作、探究式学习方式，训练自主学习的意识，培养主动获取知识的能力。

（5）坚持知识与能力、过程与方法、情感态度与价值观三维目标的实现，学习结果与学习过程并重，更注重学习过程的体验，激发学生的成就感。

（四）评价情感教育的标准

（1）课堂气氛融洽和谐，师生民主、平等，其乐融融，教师愿教，学生乐学。

（2）学生学习兴趣浓厚，学习动机端正，有顽强的学习意志，遇到学习困难不低头，不气馁，积极探求解决困难的方法，有良好的学习自信心，学习注意力集中，具有倾听的良好习惯。

（3）能充分利用良好的课堂教学氛围激发学生的创造性思维，有效地培养创新能力。

（五）评价教师基本素质标准

1. 教学态度

能透彻研究教材、课标及学生。教学目标全面、具体、适宜，教学内容正确；课前准备充分，教案熟悉，演示熟练，课堂表现较好，庄重得体，时间把握适宜，灵活地处理课堂突发事件，关爱学生。

2. 教学思想

注重教学理论的学习和教研动态的发展，能把握科学的教学理念；坚持面向全体学生和学生的全面发展，注重学生学习方式的转变；能关爱后进生，因材施教。

3. 教学方法和手段

（1）能根据教材、学生和教师的实际合理选择教学方法，教学方法灵活多样，能激发学生的学习兴趣。

（2）注重教学方法使用的继承与发展，能根据实际情况灵活变通，不会因循守旧，努力提高教学的实际效果。

（3）教学手段的使用要适时、合理、有效，避免使用花里胡哨和过于做作的教学手段。

4. 教学组织安排

要使教学过程"活"起来，关键还要看有效的教学组织。教学组织分为"教"的组织和"学"的组织、教学内容和教学手段的组织。对于课堂教学组织，目前特别注重学生学的组织，即教师在教学过程中能积极引导组织学生进行自主学习与合作探究，培养学生主动获取知识的能力。

5. 教学语言

教学语言包括有声语言与无声语言（即体态语言）。有声的教学语言要简洁、流畅、生动、形象、有激情、幽默、通俗、贴近学生。体态语言要合理，能辅助有声语言，增强教学效果，切忌手舞足蹈，过于繁杂，让人乏味。

教学中要克服语言运用中的几个毛病：一是不能太随意，要经得起考证；二是要把一句话说完，不说病句；三是不能用太多的提问语；四是力避口头禅。原江苏省特级教师于永正是运用幽默语言的高手，我们不妨看看下面段教育叙事。在苏教版语文三年级《小稻秧脱险记》的教学中，教师指名读"杂草有气无力地说：'完了，我们都……不过气来了'。"读者声音较大，于老师马上说："你没有完。要么你的抗毒能力强，要么我的化学除草剂是伪劣产品。我再喷洒一点。"说完，老师又朝该生身上"嗤嗤"地"喷"了几下。这幽默的语言和动作让学生开怀大笑。

6. 课堂板书

板书要工整、美观、言简意赅、层次清楚。请看孙双金老师《我的战友邱少云》一课的板书设计，简洁而深刻，有效地提炼了课文的核心内容和人物形象，不仅方便学生理解和记忆，还有助于学生在课后进行复习和巩固。

板书设计

```
        我的战友邱少云
              ——伟大的战士
    外表：像千斤巨石
    内心：为了集体甘愿献身
```

7. 教态

教师在教学过程中应亲切、自然、端庄、大方，才能迅速拉近与学生的距离，营造出一种轻松和谐的课堂氛围。

8. 学科专业技能

教师具有较强的学科专业技能，足以让课堂教学能正确、有序、高效地完成。教师的学科专业技能包括：扎实的学科基本功（如听、说、读、写、计算、操作）、较强的教学能力（如驾驭教材、组织教学、运用教法、作业处理、教学效果检测等）、进行教育科学研究的能力。

9. 应变能力

教师要有较强的课堂应变调控能力，以保证课堂教学持续、有效地进行。教师的应变能力要有利于教学，体现对学生的尊重、关爱；要有实事求是、严谨的教学态度，要认真对待，不可随意处置；要注意时间分寸，不可浪费时间，影响教学内容的完成。一位年轻女教师某个下午上第一节课，突然发现孩子们的眼光大多投向了窗外，她这才发现，原来大自然的美景早已吸引了他们：狂风大作、乌云翻滚、电闪雷鸣……好一幅"山雨欲来风满楼"的壮丽图景！面对此情此景，如果硬把孩子们拉回课堂肯定不太现实。于是她当机立断，把原教学内容暂时搁在一边，让同学们尽情欣赏这雨景。同学们沸腾了，他们跳跃着涌向窗口。有的同学干脆跑到走廊，尽管此时豆大的雨点已经调皮地在地面上摔起了跟头，可他们却丝毫不惧，任由那"大珠小珠落玉盘"。有的同学泛起了笑意，有的同学却紧蹙眉头，有的同学关紧窗户，凝视窗户缝隙里渗进的雨水，有的同学却大开窗户，任凭风吹、雨打……暴风雨来得快去得快。不一会儿风停雨止，孩子们纷纷提笔写作。不多时，孩子们的作品交上来了，里面不乏佳词丽句：

"啊！雨水从窗户缝里挤了进来，亲热地跳上了我的课桌。"

"隔着玻璃看雨景不过瘾，我们索性把窗户打开了。顿时，风姐姐雨妹妹手牵手一齐向我们扑来。"

"我们在电冰箱里面啦，真凉爽啊！"

这位年轻教师的教学应变充分体现了对学生的尊重和对教学条件的合理应用，取得了很好的教学效果。

10. 教学设计能力

教学设计能力的强弱一要看教学设计是否符合教学内容实际和学生的实际；二要看教学设计有无独创性；三要看层次是否清晰；四要看教学设计运用的教学效果。

11. 教学反思的意识与能力

对教学反思的评判，应从教后反思的意识入手，可以看看教师备课本上的教学后记或专用的教育叙事记录本，是不是勤记、勤思、勤学，最重要的是要有感而发，得即是得，失即是失。反思能力的强弱反映在反思效果上，若教师能根据课堂教学审视过程中的得与失分析出得失的原因，提出解决问题的方案并应用在实际教学中，即具有较强的反思能力。

12. 教学特色

虽然每堂课都有教学目标的设定、教学内容的处理、教学过程的设计、教学方法的选择等因素，但在具体的操作中总会受教师本人的教学理念、人文素养、兴趣爱好、个性特征等因素的影响而让课堂教学显现出不同的面貌。体现在两方面：

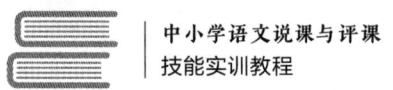

1）教学个性

教学个性即课堂教学中有与众不同之处，即使上同一堂课，不同的教师在处理细节时也会选择不同的方法与手段。如有的教师的课堂外表平易，内涵奇秀；有的教师的课专于煽情，让学生乐此不疲；有的教师的课长于温故而知新；有的教师的课很有激情，能让学生体味语文课堂的诗意。

2）教学风格的形成

教师的教学特色长期坚持下去，会逐渐演变为课堂的独有魅力，进而积淀成教师本人的教学风格。如王崧舟老师长于构建诗意的语文课堂，他认为语文不仅是知识的传授，更是情感的交流、文化的传承和生命的体验，因此听他的语文课就像欣赏一首诗，令人沉迷其中。

（六）评价教学效果标准

开展教学评价的最终目的之一是提高教学效果，让学生得益于课堂。教学效果可以从以下三点考察：

（1）能进行适当的信息扩展，开阔学生视野，提高学习效率。

（2）课堂气氛活跃，学生积极主动地参与教学的过程，充分体现了学生的主体地位，学生有较强的继续学习的欲望。

（3）能全面实现知识、情感、技能三方面的目标，教学效果好。

三、评价教师授课质量的标准

以上是全面评价一堂课的标准。对教师授课质量的评价一般采用定性评价与定量评价相结合的形式进行。

（一）定性评价

（1）总体印象。综合课堂教学的各方面因素，依照素质教育新的质量标准给予判断，评定等级为优、良、中、差四个等级。

（2）评定陈述。用描述性语言将总体印象具体化。

（二）定量评价

定量定性评价的表述一般用"评价标准""评价项目""评价等级"表述法。

表 2-1-1 是×××小学的教师课堂教学评价表。

表 2-1-1　×××小学教师课堂教学评价表

年　　　月　　　日

学校		班级		姓名		课题			
评价标准	评价项目			权重	评价等级				得分
					优	良	中	差	
教学目标	1. 符合大纲、教材要求； 2. 符合学生实际； 3. 全面、明确、具体、恰当			15	13～15	11～12	9～10	0～8	
教学内容	1. 正确； 2. 难易适度，容量适当； 3. 突出重点、难点，结论明确； 4. 训练有目的、有层次、有实效			15	13～15	11～12	9～10	0～8	
课堂结构	1. 课型特点鲜明； 2. 程度合理、环节清楚； 3. 时间分配合理； 4. 讲练有机结合			15	13～15	11～12	9～10	0～8	
教学方法	1. 教法恰当，善于启发； 2. 指导学法，培养能力； 3. 面向全体，因材施教； 4. 恰当运用教学手段； 5. 教学民主			25	22～25	19～21	15～18	0～14	
教学效果	1. 学生学习主动性、积极性高； 2. 及时反馈调控实现预期目标； 3. 学生训练、问答面广，各类学生都有提高			20	18～20	16～17	13～15	0～12	
教学基本功	1. 教学语言准确、简练、有条理、生动形象； 2. 板书设计合理、重点突出、书写工整、规范； 3. 教态自然、亲切； 4. 正确运用教学手段			10	9～10	7～8	6	0～5	
评价综述					总分			等级	

注：等级标准是优：90～100分；良：75～89分；中：60～74分；差：60分以下。

表 2-1-2 为另一课堂教学评价表示例。

表 2-1-2　课堂教学评价表

教师：　　　课题：　　　学科：　　　年级：　　　日期：

评价要素	评价项目	评课标准	时间		
			参照分	得分	合计
教师（50分）	教学目标（10）	教学目标全面、准确、具体、可行	4		
		努力体现核心素养目标	6		
	教学内容（10）	从学生实际和教学要求出发，创造性地使用教材	4		
		教学内容安排合理，难易适度	6		
	教学过程（20）	为学生创设主动学习的情境，提供充分的思考、探究、研讨的时空	4		
		恰当地使用教学媒体和技术	4		
		教学方法灵活多样，努力培养学生的创造性思维	4		
		师生关系平等、民主，教学气氛活跃愉快	4		
		适当地运用评价策略	4		
	教学能力（10）	具有过硬的教学基本功和教学艺术	5		
		熟练地驾驭课堂和教材，能捕捉到课堂教学中的各种信息，并灵活果断地采取恰当有效的策略和措施	5		

续表

评价要素	评价项目	评课标准	时间		
			参照分	得分	合计
学生（40分）	学习情感（10）	能积极主动参与学习活动	5		
		有勇于探究解决问题的强烈欲望和实事求是的科学态度	5		
	学习方式（10）	在教师的指导下，能进行有效的自主学习、合作学习、探究学习	10		
	学习能力（10）	善于倾听，能收集处理信息	5		
		有发现问题、发表意见、解决问题的意识	5		
	学习效果（10）	达到教学目标，在原有的基础上获得发展	5		
		能够进行自我评价	5		
教学特色（10分）		教师要充分调动自己教学素养条件的能动性，在教学语言、教学方法、学法引导等方面表现出浓郁的个人特色，努力展示自己独特的教学风格	10		
课堂评价					
总分			评课人		

第二章 语文评课前的准备

评课是一项创造性的研究，要实事求是、客观公正地评课，首先要做好评课前的准备工作。因为课堂教学是一个复杂多变的系统，要全面了解、评价、反映教学，需要了解众多的因素，如教学目标、教学内容、学生情况、执教者的教学理念与教学思路、教学行为和教学效果，等等。在此基础上进行评课，才能结合教学实际，把课堂教学从感性上升为理性，具有说服力。因此，语文评课需要做好以下几方面准备工作。

第一节 熟悉教材内容，钻研教法

教材是教学的重要依据，教学思路的形成、教学过程的设计、教学效果的评价，都与教材密不可分。根据"新课标"的精神，教学内容有着一定的开放性和机动性。在合理安排课程计划和课程内容的基础上，作为教师，对教材内容拥有开发和选择的空间；作为学生，对教材有选择和拓展的余地。在听课前或听课时，评课者要认真地了解教材内容，以及与教材内容相关的材料，能理性地看待教学过程中，教师怎样通过对教学内容的创造性理解和运用，满足不同学生学习和发展的需要，减少评课时的盲目性。

随着课程改革的推进，原有的一纲一本的教材体系发生了重大变化，教材正呈现出多样化、地区化、校本化的态势，许多传统的、经典的课文正被赋予新的内容。这需要评课者在评课前认真研究和思考。有条件的学校和教师最好能购买几种不同版本的教材，通过比较，综合了解不同教材的特点和风格，这对于评课有一定的帮助。

第二节 认真听课，做好记录

听课时，要认真、及时对教学过程进行记录。记录时，要有详略，凸显亮点。不要面面俱到，把所有的过程都记录下来。重点、关键处，要详细记录；精彩片段和教学机智，要及时记录；同教材内容执教，要比较记录；问题和思考，要分析记录。

同时不要忘记记录学生在课堂中的表现。在"新课标"中"以学生发展为核心"的理念下，关注学生知识的获得、关注学生能力的培养、关注学生的情感、关注学生的个性品格，都将是课堂评价的主旋律。

有些教师在听课时把注意力集中在了解"教师怎么处理教材的疑难点"上，这无疑是很有必要的。但是，教师的教学理念和教学机智，往往在教学过程中随时展现，甚至体现在教学细节之中，细节之中不乏精彩。所以，听课和评课，从走进教室的那一刻就开始了。

有一位教师听原江苏省特级教师于永正老师执教《梅兰芳学艺》时，就被他在课前与学生的一段精彩对话所折服，及时进行了记录，成为评价于老师教学理念和教学风格的重要内容和依据：

师：小朋友，在你们的想象中，于老师是什么样的？

生：于老师，我觉得你有点老了！

师：你说得很简洁，能再仔细看看我，说得具体一些，好吗？

生：你的头发有点白了，脸上有皱……

师：你说得很具体，也很有条理。

生：亲爱的于老师，你上课是不是很厉害？

师：（笑着问学生）"厉害"有多种意思，可以说上课很棒，也可以说人很凶，你指的是哪一种意思呢？

生：我想是你的课上得很棒！

师：好，我们就上课吧，看看我是不是真的很厉害！

第三节　进行整理和归纳

在听课过程中和听完课的短时期内，听课者应该根据听课记录和批注，进行整理和归纳，发现教师的教学特色、教学过程的优缺点，归纳出共性的问题，发现值得推广的经验和做法，为评课提供丰富的材料和依据。

有一位教师，在听了窦桂梅老师执教的《落叶》一课后，归纳整理了窦老师的教学特色，即以教材为主体，创造性地活用教材，以对话为活动载体的语文主题式学习。以下的课堂观察和评课内容摘自这位教师的听课笔记。

课堂观察：

师：亲爱的同学们，现在我们真的感受到了，你看这落叶，一会儿落到这儿，一会儿落到那儿，小动物们有的把它当作屋子，有的把它当作小船，有的把它当作伞，还有的把它当成电报。还有秋姑娘我，还要把它当作一封一封的信。快看哪！我给你们写信了！

（在屏幕上出示）

点评：教师在这一环节中引导学生创造性地进行了一次入境体验。通过想象，设置有效的直观情景，创造性地活用教材，让学生走进自然，亲近自然。利用对答问话，营造师生平等互动的课堂，唤醒和激发了学生主动参与学习的意识。

第四节　保持良好的心态

大多数时候，评课者听到的课都是平常的教学研究课，如教研组同事间的相互交流课，是一些探讨教学问题的实实在在的"家常课"，不是经过"千锤百炼"的"竞赛课"，所以，难免存在一些问题。评课者一定要从教学实际出发，以一种平常的心态去听课、评课。同事之间的相互听课，在于发现、交流教学的乐趣和困难，促进教学水平的提高。因此，听课或评课前，不要带着理想化的模式或心态，也不要对执教的教师高标准严要求，这样的评课会挫伤教师的积极性，而评课者也会陷入盲目自大的误区。但也不要在评课时不加思考，一味讲好话，怕指出别人的缺点和不足会引起误会，伤了和气。没有思想火花的评课，不能激发教学改革的热情，同样是不可取的。

在听课时，首先要抱着虚心向别人学习的心态，这样，才能发现、放大执教者的优点和亮点，激活实践智慧。其次是进行充分的沟通，充分尊重执教者的看法和主张，把评课作为诊断、理解、协商、协调各种观念分歧，最后达成共识的过程。还有很重要的一点，评课者要乐于奉献，能毫无保留地将自己的教学设想和经验在评课的过程中进行交流，实现教学智慧共享。

第三章 语文评课的内容

评课就是依照教学目的对教师和学生在课堂上的教学活动及其价值进行评定。评课是学校教学工作中的一项重要活动。它对教师业务的提高、学生学习的进步、课堂效率的提高发挥重要作用。评课同其他任何事物一样都有一个发生发展、完善的过程。在新课改实施前，评课者对课堂的评价更多地关注于教师，对教师的教态、教学语言、课堂板书、教学手段的运用等教师教学基本功方面评价较多，而对教学的内容，学生学习的过程与方法，学生的学习兴趣、个性、价值观等方面关注较少。这种评价理念是与当时以教师为中心的教学观念相适应的，在一定程度上强化了教师的基本功，磨炼了教师过硬的教学功底。如能写规范的"三笔字"（钢笔、粉笔、毛笔），能画漂亮的简笔画等。这种观念的弊端是教师在教学中没有关注主要矛盾，让本应处于主体地位的学生处于边缘的、次要的地位，从而导致学生的学习活动没有得到应有的关注，学习兴趣低落，学习能力得不到培养，潜力和创新意识得不到挖掘。

第二次世界大战后期的新技术革命，对人类的生产、文化乃至社会生活等各方面都产生了深刻的影响。从 20 世纪 90 年代起，知识经济已初见端倪，国际竞争也空前激烈，人类的生存和发展面临着困境。在国际大背景下，我国的基础教育仍是传统应试教育，知识本位、学科本位观念至深。所以，实行新课改是国际竞争的需要，新课改实施后要有新的评价观念来促进它的发展。新课改倡导"立足过程，促进发展"的课堂评价，这是评价理念、评价方法、评价功能的转变。

第一节 评教学目标及教学思想

一、评教学目标

教学目标是教学活动结束后，教学活动的主体——学生所要达到的预期效果标准。教学目标是选择教法的依据、引导学习的指南、实施检测的标准。教学目标是教学的出发点和归宿，它的制定和达成情况，是衡量一节课好坏的主要尺度。所以，评课首先要评教学目标。

教学目标既要符合"新课标"的要求，又要符合学生的具体实际；既要遵循教材的内容，又要适应社会的发展；既要有统一要求，又要能体现差别，进而使学生能以不同方式在不同程度上达到目标，使每个学生都能有所进步。

（一）教学目标要体现核心素养

教学目标设计应该体现课程目标的要求，这就要求教师在设计教学目标时要改变过去只注重知识领域目标的倾向，要考虑学生素质的全面发展。

在设计教学目标时，要结合核心素养的要求，从语言、思维、情感、文化等方面来进行思考。首先要明确课堂"学什么"，提出"学会"的要求。它既是课堂教学的出发点，又是课堂教学的归宿；是引导学生展开学习过程，体验相关材料内容的载体，也是对学生的学习提出的最基本要求。其次要引导学生研究材料、形成认识、领悟方法、习得能力、体验情感，让学生在课堂中获得知识、锻炼能力、培育情感目标。最后是要在目标中体现教师引导学生"怎样学"，追求"会学"的高目标。

而教学中的情感目标是课堂教学的动力系统，是在知识、能力基础上对教学目标的深层次拓展，进行情感教育活动，是执教者通过身体力行的示范活动来言传身教，并积极创造有利于学习主体尝试选择、参与和体验的机会，让他们在这种尝试的实践行动中形成个性化的情感态度与价值认知。积极的情感与态度，能在探索知识与技能的过程中起到巨大的推动作用。当然，情感与价值观不是"教"出来的，而是在个人成长过程中通过模仿、尝试和实践体验而慢慢养成的，是参与中的一种自我发展。

评课时，要看教师是否有全局观念，是否能对教学目标进行整体思考。当然，具体每堂课需要达到什么样的目标，是由课堂教学内容来决定的，不同的教学内容和课型有不同的教学重点，能够落实的教学目标也会有所不同。

（二）教学目标要体现层次性和差异性

1. 内容要求的层次性

不同教学内容的学习要求不同，这是由教学内容在学科体系中的不同地位和作用决定的。课程标准对知识与技能的学习水平以"A"（知道/初步学会）、"B"（理解/学会）、"C"（掌握/设计）等级来表示；过程与方法类的学习水平则分为"A"（感受）、"B"（认识）、"C"（应用）；情感态度与价值观类的学习水平为"A"（体验)、"B"(感悟)、"C"(形成)。评课时要看教师对于授课内容是否有明确的理解,是否能将其转化为具体的可操作的教学目标。

对于学科重点和核心内容的教学,可能不是一堂课或者一个单元的教学能够实现的,有时需要一个螺旋上升、逐步深入的过程,这就要求教师有一个系统的规划,循序渐进地落实相关目标,评课时可以考察教师对于这些教学内容的目标层次是否有系统规划的意识。

2. 学生的差异性

任何班级中的学生都存在个体差异,这是客观现实,特别是在小学和初中,由于就近入学和随班就读的政策导向,优等生和后进生同在一个教室的现象比比皆是。即使学生对某一问题的回答完全相同,理解的角度与深度也不一定相同。然而,在由几十名学生参与的课堂教学活动中,又必须有一个统一的教学目标来指导教学活动的正常进行。因此,在评课时要考察教师是否关注到教学目标的层次性,观察教师在教学活动中如何照顾学生的个体差异,对于不同水平的学生如何区别对待,在课堂提问、指导时是否有所侧重,看教师能否让不同层次的学生都能享受解决问题、获取知识的愉悦,获得学习成功的体验。

在关注层次和差异的基础上,也要看教师制定的教学目标是否具有适当的广度和难度,如果广度不够,就难以完成学科总体目标;如果难度不够,就不能达到开发智力、提高能力的发展性目标。合适的教学目标应该是课堂上大多数学生都能达到"掌握"水平。

(三)教学目标要准确规范

1. 目标定位的准确性

教学目标体系包括学科教学目标、单元教学目标和课时教学目标,它们之间是从概括到具体、层层分化的关系。学科教学总目标分化为单元教学目标,单元教学目标再进一步具体化为课时教学目标。课时教学目标为学科教学总目标服务。教师要学会区分和把握长期目标、中期目标和短期目标,分清什么是总体目标,什么是单元目标,什么是课堂教学目标,并对三者的关系了如指掌,避免将长期目标混同为课堂教学目标。只有通过对课堂教学目标的准确定位、具体实施和长期积累,才能最终实现学科的长期目标。虽然教师在每一节课中能教给学生的只是学科的某一个知识点,但教师在设计之前必须对学科作全盘的思考和整体的规划。所以,在评课时要关注教师制定的教学目标是否明确具体,通过一节课的教学是否确实能够实现。

2. 目标表述的规范性

教学目标的表述要明确具体。教学目标是对教学要求的具体化、过程化,明确具体的教学目标便于教师有效地组织教学,便于对教学效果作出适当的评价,同时有利于学生明确学习目标,激发学习热情。因此,对课堂教学目标的评价要考虑其陈述是否明确、具体,是否可以观察和测量,教师要尽可能将对学生的知识与技能、过程与方法、情感态度与价值观等要求转化为可以直接观察、操作、检测的明确具体的行为指标。

在确定每课时的学习目标时,应把目标落实到与本课教学内容相关的具体要求或某项技能上来,要避免笼统地讲培养学生具备某种能力,如在一些公开课教案中教师所写的"培养学生的合作精神、培养学生的观察能力"就过于笼统。

教学目标的陈述要以学生为行为主体。在课堂教学中,教师是主导,学生是主体,教学目标陈述的是学生的学习结果。因此,陈述教学目标时要把学生作为主体,即陈述通过教学后学生会做什么或说什么。在写教学目标时,尽管有时行为主体"学生"二字不一定会出现,但必须是隐含在其中的。然后,在教学目标的陈述中,行为状况动词要求多样化,应尽可能是可理解、可观测的;行为条件要求情境化,要具体描述行为发生通过的媒体、限定的时间、提供的信息。

二、评教学思想

教学思想是教师在课堂教学中的行为、情感中透露出来的或隐含着的价值取向。思想是行动的指南,教师的思想是其教学行为的灵魂,教师的教学活动是在一定的教学思想的指导下开展的,一堂课教学方案的制定、教学方法的选择、教学手段的运用和教学过程的实施,都是由教师的教学思想决定的。

教学思想时时处处在教学活动中反映出来,具体体现在教学的各个环节和教学活动中。评课者可以通过教学活动来观察执教者的教学思想。在课堂教学中,教师的教学观、学生观和评价观是影响其教学行为的三个核心方面。因此,在评课时,评课者可以从教师的教学观、学生观和评价观三个方面来观察和评价教师的教学思想。

(一)教学观

教学观是指教师对教学过程的基本看法,有什么样的教学观,教师就会设计出什么样的教学设计,组织什么样的教学过程。

"新课标"要求教师的角色由课堂的主宰者、知识传授者转换为学生学习的咨询者、引导者、帮助者和促进者。教师的教学任务不局限于教材中知识的传授，更重要的是对学生自主学习能力的培养，使学生既学到知识又学会获取知识的方法，成为学习的真正主人。

评价教师的教学观，首先要看教师的教学设计是以教师的教为中心还是以学生的学为中心。看教师能否从学生的实际出发，根据学生学习的实际起点来确定教学起点，展开教学过程；看教师是否了解学生的特点，善于发现学生存在的问题，注重解决学生心中存在的问题与疑惑；看教师能否引导学生进行自主学习、探究学习和合作学习，帮助学生形成终身学习的意识和能力。

其次要看教学内容是以"知识"为中心还是以"能力"为中心。看教师是否能帮助学生将知识作为探究的起点，让学生在课堂上充分地动起来，使学生在获得知识的同时获得方法，提升学生的学习能力、获取和处理信息的能力、创新的能力、生存和发展的能力，使课堂成为师生互动交流、积极探讨、共同发展的场所，让教育真正成为发展人的主体性的教育。

（二）学生观

"新课标"以学生的全面发展为目标，强调将人的个性发展与全面发展相统一，促进学生基本素质的全面发展和自由个性的形成。

教师是否具有比较先进的学生观，首先要看以学生为主体的思想在教学过程中体现是否充分。即，在教学过程中，教师是否充分相信学生，依靠学生，共同完成教学任务；学生能否充分发表自己的意见，学生从自己的角度和深度去思考问题时，教师能否尊重学生的不同见解，并对其有不同程度的表扬、肯定。

其次要看师生之间能否互相补充、互相启发，是否有观点的相互碰撞；是否重视学生的道德观、求异思维与创新精神的培养。

最后要看教师是否能尊重每一位学生，平等对待所有学生，不因某个学生优秀而给予特别照顾，更不会因某些学生在学习上存在困难而歧视他们；是否注意赏识和激励学生，有无通过语言、手势等方式肯定学生，与学生进行平等的对话与交流，课堂气氛是否民主、和谐、平等、友好。

（三）评价观

"新课标"强调课堂评价要立足于学生综合素质的全面提高，立足于学生良好个性的培养。

1. 评价的激励和反馈功能

评课时要看教师是否善于利用各种手段来发挥评价的激励功能。当学生遇到困难时，可以微笑、点头予以表示，当学生回答正确时给予积极的强化，如点头、重复学生的正确答案；当学生回答出现错误时，应该鼓励学生继续努力，可以对学生说："不错""有进步，谁能再补充一下"，等等。评价要从不同学生的实际情况出发，适时调整评价的项目、要求和方法等，使评价对不同的学生都有促进作用，强化评价的诊断、激励与发展功能，通过科学、有效的教学评价促进学生的全面发展。

2. 评价的多样性

对学生的评价可以由教师给出，也可以由学生之间相互给出。还要重视学生个体的自我评价，以提高学生学习的主动性。对学生的评价要从知识与技能、过程与方法、情感态度与价值观三个维度全面展开。对学生的评价可以采用提问、测验、考试、撰写小论文或调查报告、实验操作、小制作、谈话等方法。对学生的学习过程要及时记录，结合终结性评价对学生作出综合的评价。

在评课过程中，评课者可以通过教师的课堂评价来观察教师的评价观。看教师对学生的评价是注重结果评价还是注重过程评价；是否强化评价的诊断与发展功能，弱化评价的选拔与淘汰功能；是否强化评价的内在激励作用，弱化评价的外在诱因和压力作用；是否重视学生之间的互评和学生的自我评价。

第二节 评教材处理

教材是课程家族中的基本单位，是课程的重要组成部分，是一部分课程内容的物化形态。教科书是根据课程标准编写的系统反映学科内容的教学用书，它是最具代表性的核心教材。从表现形式上看，教科书只是被教科书制度认可的、具有行政和专业权威的图书教材，与之并行的还有大量的教学辅导用书、视听教材、电子教材，以及由自然或生活事件转化来的现实教材等。教材处理是教师把教材内容加工转化成教学实践的一种再创造的活动，是教师驾驭教材能力的集中表现。教材处理是教师备课过程中的一个基础性环节，合理地处理好教材及具体的教学内容是保证教学顺利进行、提高教学效果的必要条件。

评教师对教材的处理，要看教师对教材的理解、领会，看知识传授是否科学准确，也要看教师以什么样的思路去"改造"教材，看教师在教材处理和教学方法的选择上是否突出了重点，突破了难点，抓住了关键，还要看教师是否能根据学生实际、教学条件（实验设备现代化教学手段）以及自身的教学经验来处理教材，对内容的增减是否有道理，各环节内容与时间的安排是否妥当。

一、教材处理要符合课程标准的要求

课程标准是国家对这门学科的基本要求，是教材编写的指南和评价依据，教材是对课程标准的一次再创造、再组织，帮助教师达到教学要求的辅助材料。教材内容是课程标准的具体化，是完成教学任务、实现教学目标的主要载体。评教师对教材的处理，首先要看其是否能找准课标、教材和学生的连接点，依据课程标准，根据社会、学校、学生的实际情况对教材内容进行取舍和整合。

二、教材处理要以教学目标为依据

教学目标、重点及难点是一节课的灵魂和核心，是对教材进行处理的依据。课堂教学要目标明确、恰当，从而使师生双边活动始终围绕教学目标来展开，做到教有方向，学有目标。课堂教学要突出重点，重点概念要使学生透彻理解，重点技能要让学生熟练掌握。要形成一个有主有次、前后有序、张弛有度的知识结构。在教学目标和重点难点的处理中，要特别注意教师的教材处理在关注知识的同时，是否关注了方法、应用、探究等方面的内容，这些内容的落实是否有合适的教学时间和教学策略的保证。

三、教材处理要符合学生的认知规律

评教材处理要看教师能否根据学生的认知水平、心理特征和学习规律对教材进行处理：能否从学生实际出发来处理教材，能否根据新旧知识的联系，从学生原有的知识基础出发来处理教材，了解学生的学习初始能力，即现有的知识经验、能力水平、认知特点、兴趣爱好、学习期望及学习风格等。评课时，要看教师能否将新授知识转化为学生感兴趣的问题，激发学生主体参与的积极性和主动性，从而使每一个学生都对课堂教学产生很大的兴趣，积极主动地学习。

不同认知水平的学生，思维特点不同，教师对教材的处理也应该有所不同，对于一般学生，用由易到难步步推进或由表及里层层深入的方法，能收到较好的成效，但是对于思维水平较高的学生，可以采用直接将难点告诉学生，让学生小组之间进行充分讨论、修正，然后得出结论的方式，采用这种方法学生的思考会更具深度，也更能调动他们的积极性。

四、教材处理要统观全书，通盘考虑

教师对教材进行处理首先要准确把握教材的编写意图，以及教学内容在教材中所处的地位与价值，准确把握教材知识体系；还要注意知识、技能、能力的相互联系和前后照应，并根据学习迁移的原理把新旧知识联系起来。一方面从旧知识引出新知识，促进新知识的学习；另一方面，在学习新知识时，还要注意为以后的学习做好铺垫，注意内容之间的衔接。教材处理在统观全书的同时，有时还要关注与其他学科的整合和综合。

一般来说，教材编写者注重其文字叙述的系统性和逻辑性，教师教学则注重学生的实际情况和教学的艺术性。因此，教材的逻辑顺序和教师的教学思路不一定完全相同，评课时要看教师能否从教学的实际需要出发，依照课程标准的要求，根据学生的知识水平，对教材的内容进行精心设计、重新组织、恰当编排，并辅以必要的教学手段，以达到理想的教学效果。

在听课中，我们看到一种倾向：为追求一节公开课的教学效果而忽视了单元教学的整体设计，致使单元其他课时的教学内容变得支离破碎。这种倾向需要避免，一节课的教学设计必须建立在单元教学设计的基础之上。

五、教材处理要详略得当

在教学中教师若对教材内容平铺直叙、面面俱到地进行编排设计，学生不仅印象不深，而且不得要领。教师对教材进行处理时应以教学目标为依据，根据教学内容的轻、重程度对知识进行归纳分类、适当增减。因为任何一部分内容，都是由主干知识和说明主干知识的辅助知识构成的，所以一般一节课由一条主线和一条副线构成。评课时要看教师在教材处理时能否合理规划主线和副线，能否做到有详有略、详略得当，收到以点带面的效果。

六、教材处理要贴近学生生活实际

课程既源于生活，又要回归生活。教师应从学生的生活经验出发处理教材，从社会生活和与学生生活密切相关的日常生活中寻找课程资源。在关注学科基础知识的同时，强调课程与现实生活、学生经验的联系，强调实际应用，尽可能地拉近教材与学生生活的距离，将有助于学生对知识的理解和接受，有利于激发学生的学习兴趣和求知欲望，能拓展学生的知识面，开阔他们的视野和思维。

因此，在评课时要看教师是否能尽可能地拉近教材与最新生活的距离，选择的教学内容是否贴近生产、生活，贴近学生实际，是否能引起学生的兴趣，是否立足于学生现实的生活经验，着眼于学生的发展需求，把理论观点的阐述寓于社会生活的主题之中，是否有独特的创新处理等。

第三节 评教学过程及课堂教学结构

一、评教学过程

教学过程是师生为实现教学目标，围绕教学内容，共同参与，通过对话、沟通和合作，产生交互作用，以动态生成的方式推进教学活动的过程。教学过程包括教师教的活动和学生学的活动，教与学是不可分割的整体，是同一个过程的两个方面。

（一）学生维度

教学过程是学生在教师指导下的体验、认识和发展过程。因此教学过程必须符合学生的认知特点。

评课时应考察以下两点：第一，看教学过程中，学生在课堂上主动学习的时间有多少。要考查除教师讲授和指向个别学生的问答所占用的时间以外，每节课是否有三分之一到三分之二的时间让学生主动学习。第二，要看学生在课堂上主动学习的空间有多大。要考查学生在课堂上是否有提问权，教师是否让学生在预习、独立思考的基础上提出自己想问的问题，学生在课堂上是否有评议权，有对自己和同学的学习进行评价的机会，有发表感受、提意见、表扬和建议的机会。

（二）教师维度

要看教师能否采取区别教学和个别教学的态度面对不同类型的学生，使其有长足的长进；能否做到控制学生学习活动与引领学生自我控制的合理结合；能否随时调整和校正教学进程。

要看教师能否在课堂教学中给学生自由的空间，依据学生的志趣、才能、资质和特长开展教学，尊重学生个体的差异性、独特性、自主性和创造性，鼓励学生自由探索、大胆猜测、大胆质疑，使学生敢于发表不同意见。

教师引导作用发挥的关键在于精心设计教学内容、教学方法，以及教学过程中对教学艺术的把握，能适时地因势利导，引导和激发学生自主学习，把教转化为学，以调动学生主体参与的积极性。要看课堂讲授的内容是否具有严密的科学性和高度的思想性，是否论证严谨，论据可靠，逻辑性强，注意理论联系实际。教学内容的讲授在服从于教学目标要求的同时，必须立足于学生的学习基础、学习需要、理解能力和理解程度。如果过分强调教师的讲授，学生的理解消化、巩固练习只能大量地延伸到课外进行，这就加重了学生的课外学业负担，影响了学生全面发展。

通过学生的课堂表现，看教师在课堂上是否提出了有价值的问题，是否通过创设有悬念的情境，引起了学生的学习兴趣，是否通过认知冲突、问题意识来调动学生参与学习的主动性和积极性，使学生在情感、态度上获得了新的感悟，能力得到了有效的提高。

要把教师在课堂上是否鼓励学生思考、探索、质疑等作为一个重要环节来评价。教师应鼓励学生提出不同的看法，给他们自由发展的空间，让他们的个性得到充分发展。教师在课堂上不能随意否定学生的看法，应引导他们去讨论、交流、合作，让他们在活动中提高自己的能力。

（三）教学环境

教学环境是教学行动赖以开展的条件，包括硬环境和软环境。硬环境一般指教学媒体设施和班级设置等方面，而课堂教学理念、教师教学风格、班级学习氛围等是软环境的组成部分。

1. 建立平等、合作的师生关系

教学是教与学的互动，是师生之间的对话、合作、沟通。在教学过程中，师生建立起平等、合作的新型关系。教师不仅是知识的"呈现者"、学习的"指导者"、学业的"评价者"、纪律的"管理者"，更是课堂教学的组织者和指导者，是学生获取知识的帮助者。

学生不仅是教学的"对象""主体",还是课堂教学的共同创造者,教师在课堂上要努力为每个学生的主动参与提供广泛的可能性。

2. 实现师生多向互动

师生之间积极、有效和高质量的多向互动,既包括教师与全体、部分或个别学生之间的不同性质的互动,也包括学生个体间、个体与小组或全班、小组与小组间多边式和不同性质的互动。在上课时,教师要学会倾听,把注意力放在学生身上,及时作出合适的应答(包括评价追问、启发、判断、组织等),通过多向交互作用,推进教学过程。

二、评课堂教学结构

课堂教学结构是教师在一定的教育思想指导下,为完成既定的教学目标,对构成教学的诸要素(教学内容、学生、教师、教学环境)所设计的比较固定的、简约化的组合方式及运用流程。课堂教学结构确定了一节课的教学过程和环节,以及各环节、各部分之间的联系、顺序和时间分配等。

课堂教学结构是促进教材的知识结构向学生的认知结构转化的中介和动力,在教材和学生之间发挥了桥梁和纽带的作用。不同的课堂教学结构会产生不同的课堂效果,教师要力求使课堂结构、知识结构、板书结构、认知结构相匹配,这样才有利于使学生的知识层次由感知理解—巩固—应用—创新步步升华。因此,评课要关注教师的课堂教学结构设计。

(一)课堂教学结构主线清晰

1. 课堂引入阶段

"好的开始是成功的一半",在课的引入阶段,要看教师能否设计引人入胜的导入环节(创设情境或引发认知冲突或以旧引新),以激起学生对本课学习的兴趣,这是学生能否主动参与探究新知识的关键。好的导入设计能激起学生对新知识的兴趣及主动探究的欲望,充分调动学生各方面的学习兴趣,使学生提前进入学习状态。

2. 突出重点、突破难点阶段

教师用引入激发起学生的兴趣以后,接踵而来的可能就是教学的重点或难点部分,此时要教师应遵循注意、兴奋的延展律,趁着学生兴致正浓,进一步调动学生动脑、动手、动口的积极性,突出教学重点,化解教学难点,实现学生认知结构的同化和顺应,构建新的认知结构。

3. 运用、巩固、评价阶段

当学生对新知识基本掌握后，就会进入"运用、巩固、评价"阶段。在该阶段，要看教师能否运用新的认知结构解决问题，促进知识的巩固和迁移，要看教师是否能创设巩固应用的情境，利用课堂练习、小组比赛等，让学生将所学的知识灵活运用到解决具体实际问题中去，达到巩固、应用和迁移的目的。

在"新课标"中"以学生发展为本"的理念指引下，很多新的教学模式，如探究教学、合作学习、自主学习、网络学习等纷纷进入中小学课堂，课堂教学的环节和步骤也随教学模式的不同而有所不同。如探究教学一般遵循的教学环节和步骤包括提出学习任务，准备相关知识和材料，组织学生选题、合作或独立探究，探究结果汇报和评价等。此时，要看教师在完成上述活动的过程中是否创设探究的情境、引导学生探究、为学生提供信息资源及其他条件的支持、引导学生提出假设并得出结论、组织学生汇报并研讨结果等。

（二）合理分配教学时间

通常一节好课应该是结构严谨、环环相扣、过渡自然、时间分配合理、密度适中、效率高的。

评课时根据授课者的教学时间设计，能较好地了解授课重点、结构安排。评课者应计算教学环节的时间分配，看教学环节时间分配和衔接是否恰当，看有无前松后紧或前紧后松现象，看讲与练时间搭配是否合理等；要计算教师活动与学生活动时间的分配，看是否与教学目的和要求一致，有无教师占用时间过多，学生活动时间过少现象；要计算学生的个人活动时间与学生集体活动时间的分配，看学生个人自学、小组活动和全班活动时间分配是否合理，有无集体活动过多，或学生个人自学、独立思考、独立完成作业时间太少等现象；要计算优等生、中等生、后进生的活动时间，看优等生、中等生、后进生活动时间分配是否合理，有无优等生占用时间过多，后进生占用时间过少的现象；要计算非教学时间，看教师在课堂上是否脱离教学内容，做与教学目标无关的事。

（三）能根据实际情况及时调整教学结构

在课堂里，教师的教和学生的学随时都处于发展变化之中，评课时应考查教师能否密切注意各种反馈信息，一旦发现学生的认知结构与课堂预设结构不协调，能否及时调整自己设计的教学结构，以符合学生的实际认知情况。教师在教学中应针对学生的实际学情，及时调整教学结构，或化抽象为具体，或化复杂为简单，或变生疏为熟悉，灵活设计合适的知识梯度，运用恰当的教学方法，突破难点，化解疑点。

第四节　评教法及学法

一、评教法

"教无定法，贵在得法"，实践证明，在正确的教学思想指导下，采用正确的途径、科学的教学方法，可以使学生学得生动活泼，身心得到全面发展，有利于学生成才。因此，评价教师教学方法的选择和运用是评课的又一重要内容。

评教师运用的教法是否合适，要看教师能否灵活运用教学方法来驾驭课堂，学生能否随教师的引导全身心投入，即要看教师使用的教学方法，是否能让教师的引导作用得到充分的发挥，让学生的主体地位得到充分的体现。

（一）恰当选择教学方法

教学活动的复杂性决定了教学方法的多样性，所以评课既要看教师是否能够面向实际，恰当地选择教学方法，同时还要看教师能否在教学方法多样性上下一番功夫，是否善于使用讲授、讨论、练习、实验等各种教学方法，能否使各种教学方法有机结合，使课堂教学常教常新，富有艺术性。

不断变换和调整教学方法和手段，能使学生思维始终处于兴奋活跃状态，减轻学生疲劳，获得教与学双方的最佳配合，来提高课堂教学效率。

1. 教学方法要能激发学生的学习兴趣

兴趣是最好的老师，学生对教学内容有兴趣，就能全身心投入。能够激发学生学习兴趣的教学方法有很多，一般来说直观的教学方法比较有利于吸引学生的注意力，激发学习兴趣和学习热情，促进知识的理解和巩固，有利于培养学生的观察能力和发现能力，便于学生的思维从形象思维向逻辑思维过渡。在教学上，直观性的手段很多。例如各种教具的使用、现场参观、见习实习、实验等，这些教学过程都是尽可能地向学生提供丰富的感知材料，给学生一个充分的直观认识过程。

当然，教学方法的直观性是针对过去片面追求教师讲述的倾向而言的，任何教学方法都有其优点和局限性，直观教学不利于学生抽象思维能力的培养，教师要防止从一个极端走向另一个极端。

2. 教学方法要能启发学生主动思考

教学是为学生自我发展提供必要的外部条件。学生是学习的内因，教师的教学是学习的外因,外因是通过内因起作用的,这就需要教师通过启发来点燃学生思维活动的火花,促使学生主动思考。或用提问法,直接将问题摆在学生面前;或用激情法,间接激发学生探求问题的热情;或用启趣法,使学生好奇愉快地探究趣味事物的"所以然";或用演示法,让学生因惊叹结果的精妙而去究其原因。

要启发学生主动思考,教师必须在备课时周密地研究教材和了解学生实际,确定哪些问题应由教师讲清楚,哪些问题可以适当提出让学生思考,引导学生进行议论。学生能够自己完成的一定要让学生自己做;学生不能够完成的教师要设置台阶让学生尝试做;对于学生较难理解的问题,要注意组织学生进行充分的讨论,通过讨论来加深他们对问题的理解。因此评课时,要看教师是否能有意识地设计一些具有启发性和有一定难度的问题,不断引导学生质疑释疑;对于学生正确的回答,教师能否及时地表扬和鼓励,使学生体验到成功的喜悦;当学生的回答反映出学生理解中的问题和障碍时,教师能否进行及时的点拨。

(二)灵活运用教学方法

教学是一项复杂多变的系统工程,不可能有一种固定不变的万能方法。在课堂教学中,教学方法是为教学目标服务的,教学目标不同、学生不同,所需要的教学方法也不相同。一种好的教学方法总是相对而言的,它总是因课程、因学生、因教师自身特点而相应变化。因此,不存在一个适合每一节课的最佳教学方法,关键是从教学内容和教学对象的实际出发,按照学生的认识规律和教学目标的要求,创造性地设计适合每节课的教学方法,也就是说教学方法的选择要量体裁衣,具有针对性。

1. 因材施教

课堂教学所要传授的知识内容是多方面的,所要采用的教学方法也应该各不相同。如果一节课的教学重点是让学生获取新知识,是讲述有关事实、描述有关现象、解释或论证有关概念等内容,那么选择讲授法比较合适。讲授法可以在较短的时间内传授较多的内容,使学生获得比较系统的知识;如果一节课的教学任务是以培养学生基本技能为主的,那么选择观察、练习、实验和多媒体教学等教学方法,可以有效地验证和巩固学生对技能技巧的掌握;如果一节课的教学任务是传授有关理论、揭示基本规律,那么运用比较、归纳、综合分析和研讨等教学方法,有助于学生感知理解和记忆知识,培养学生的分析能力和综合能力;如果教学任务是以培养学生思维能力、发展学生智力为主的,那么选择发现法、尝试法比较合适;若一堂课要完成多项任务,这时就要看教师能否综合选用多种方法，或以一种方法为主，配合应用其他方法。

2. 因"才"施教

学生基础不同，适用的教学方法也会不同。对于基础较差、后进生较多的班级，需要增加知识的层次，小步子、多台阶，从易到难、循序渐进地进行教学。教学方法上要多一些慢讲、练习。对于基础较好的班级，可以充分创设情境，以问题解决的形式将问题直接交给学生，让学生在充分讨论的基础上自己得出结论。

二、评学法

"授人以鱼，不如授人以渔"，教师的责任，不仅在于让学生获得知识，更重要的是要让学生学会学习，只有让学生掌握获取知识的方法，才能真正把他们培养成为符合现代社会发展需要的人才。学法指导是指在发挥教师主导作用的基础上，使学生积极、主动地学习，掌握科学的学习方法。学生只有掌握了科学的学习方法，才能提高学习的积极性和主动性，才能为以后的学习和发展打下良好的基础。因此，评课时要看教师能否根据教材内容和学生实际，适时进行学法指导，引导学生掌握科学的学习方法，并使之有序化、完善化，以提高学习的效率和质量。

（一）要有渗透学法指导的意识

评课时，要评执教者在课堂教学中是否能有机渗透学法指导。要看教师在课堂上检查学生预习时，是否指导课前预习、课后复习的一般步骤和方法；在知识与技能的学习过程中，看教师是否设法引导学生按照认识规律，最大限度地让学生自己去发现并掌握知识和技能，进一步获得掌握知识的规律；对于学生自学能看懂的内容，要看教师是否鼓励学生自学，培养学生的自学能力；对于学生能够讲出来的内容，要看教师是否给予学生表达的机会；对于学生能够自己动手作出来的实验或操作，要看教师是否允许学生动手尝试；对于需要记忆的内容，要看教师是否注意教给学生记忆的方法等。

（二）要将学法指导显性化

教师在设计教学过程时，要根据教材的重点、难点和学生的学习实际，来确定所要指导的学法内容。提出学习目标和学习任务时要指明学习方法；当学习经历到一定阶段时，要反思学法，并指导学生在探求问题正确答案的同时展示自己的学习过程，从中总结学法。

学习方法多种多样，因人而异，教师要让学生对各种学习方法进行消化改进，找出适合自己的方法，引导他们从被动接受知识转变为主动探索知识，把"学会"变成"会学"，这样形成的学习方法才更有利于学生今后的发展。要能对学习方法进行整理、归纳，使学生获得的学习方法得以系统化，使学生对学习方法由感性认识上升为理性认识，帮助学生形成整体的学法结构。

（三）要用多种方式指导学法

学法指导的方式很多，评课时要看教师能否从学生的学习实际出发，根据教学内容的特点，适时采用合适的方法来指导学生掌握学习方法。

具体来说，评课时应考查以下几点：在学生探究学习的过程中，教师是否注意适时引导，引导学生选择适宜于学习内容的学法，使学生的学习由表及里、由浅入深、由易到难。学生在学习中遇到疑难和障碍时，教师能否以学生学过的知识、运用过的学法对学生加以提示，来启发学生产生联想，对疑难和障碍产生新的认识，学生在学习过程中对某些问题把握不准或理解上遇到困难时，教师能否适时予以指点，提示思考分析的途径，打通知识或理解上的关卡，使学生的学习过程得以继续。在一节课或一个内容的学习结束后，教师能否指导学生归纳和概括所学知识和学习方法，使学生理解和掌握自己的学习过程并对学到的知识、方法进行系统归纳，从而巩固学法，形成能力。

第五节　评教学素养

教师基本素养就是教师的教学基本功，是指教师从事教学实践活动所必须具备的知识和技能。它是教师上好一节课的基础，是提高课堂教学效率的基本保证。在课堂教学中具体表现为以下几个方面：

一、教学态度

教学态度决定着教学行为努力的程度。评价教师教学态度是否严谨认真看以下几方面：

首先看研究教材情况，对教材、课程标准及学生是否研究透彻，教学目标是否全面、具体、适宜，重点、难点把握是否准确，有无出现知识性错误。其次看课前准备是否充分，不能出现抛弃教案上课，教具准备不全，演示不熟练，甚至有错误，教学程序紊乱的现象。最后看课堂表现是否严肃，教师用语要庄重、得体，有艺术感、幽默感但不能嬉皮笑脸，教学环节严谨，环环相扣，不浪费时间，字迹工整，板书得体，遇到突发事件能处变不惊，沉着应对等。

二、教学方法

教学方法是教师在教学过程中，为完成教学任务而采取的活动方式的总称。它既包括"教"的方式，又包括学生"学"的方式，是"教"的方法与"学"的方法的统一。评价教学方法包括以下内容：

（一）看教学方法的灵活性

教学有法，但无定法，贵在得法。教师要因材施教，因教师、因学生、因内容、因条件而量体裁衣，灵活采用，切忌生搬硬套，依葫芦画瓢，贻笑大方。

（二）看教学方法的多样化

教学方法不要单调死板，一成不变，否则会让学生索然无味。讲授法、练习法、讨论法、笔记法、实验法、演示法等方法，教师要熟练掌握，运用纯熟，灵活搭配，合理运用，让课堂教学富有艺术性，充满愉悦性。

（三）看教学方法的改革与创新

尤其是评价一位骨干教师，要考察其是否坚持常规与创新的统一。骨干教师在教学中会创造性地处理讲与练、课内与课外、知识与技能等之间的关系，充分发挥学生的主体作用，构建新的教学模式，培养学生的创新能力，形成自己独特的教学艺术风格。

三、教学组织安排

看课堂引入是否具有吸引力，能否迅速让学生进入学习的状态，教学环节是否环环相扣，教学过渡是否合理自然，课堂小结是否言简意赅，画龙点睛，课堂讲解是否适时、适度、实效、富有启发性，课堂容量是否适量。总之好课的组织安排结构严谨，环环相扣，过渡自然，时间分配合理，密度适中，效率高。

四、教学语言

教学语言在内容方面首先有一些基本要求,如准确、规范、明白、清楚。同时就课堂教学艺术来说还应有一些更高的要求,即要简洁,要流畅,要生动,要形象,要有激情,要幽默,要通俗,要贴近学生。请品一品王崧舟老师在教授人教版语文五年级《圆明园的毁灭》一文时所用的教学语言。

同学们,让我们永远记住这个日子——1860年10月6日。这场大火,烧毁的是座幻想之园、万园之园。但是,这场大火,却烧醒了中华民族自强不息、奋发崛起的信心和壮志!但愿这样的历史永远不再重演!

五、课堂板书

板书是教师对课堂教学内容简要、艺术的概括。好的板书首先要科学合理地概括出教材内容;其次要言简意赅,有艺术性;最后,条理性强,字迹工整、美观,板书娴熟。

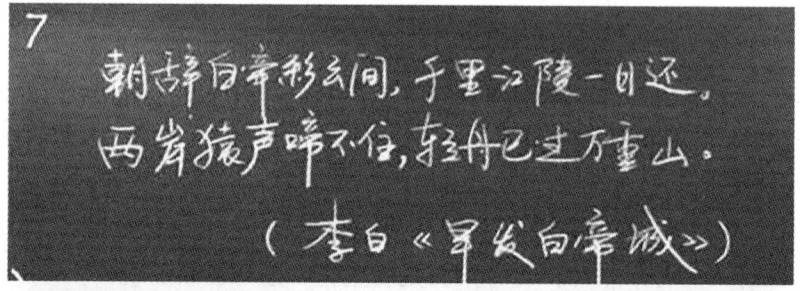
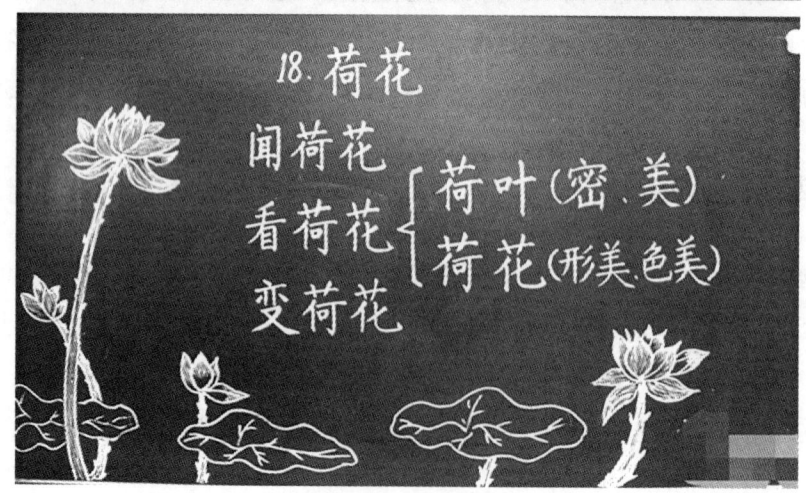

图2-3-1　板书示例

六、教态

教师课堂上的教态应当庄重、友好、明朗，仪表端庄，举止大方，热情洋溢，体态语言较丰富。

七、学科专业技能

学科专业技能就是教师从事学科教学所应该具备的技能。比如一位语文教师应有的专业技能有：会说比较标准的普通话，能写工整且有一定艺术性的汉字，能熟练地书写几种常见文体的文章，能大方、得体、熟练地与他人对话，能有效地驾驭课堂，等等。

八、应变能力

教学应变能力就是对那些事先没有准备的、没有预料到的意外情况、突发事件，作出合理的反应，妥善地处理。对于课堂出现的意外情况、突发事件，教师应当从有利于教学，有利于学生的角度出发，尊重学生，实事求是，认真对待，随机应变，灵活处理，游刃有余。比如一位学者要在大会议室给学生作知识讲座，由于视力原因，他上讲台时没有看清有台阶，竟然被绊倒了。此时台下学生愕然。这位学者站起来，扶正眼镜对学生说："上一个台阶尚且不容易，在学问上想要上个层次更不简单呀！"接着学者开始了讲座。台下响起了热烈的掌声。

九、教学媒体

利用教学媒体能让教学显得更加直观、形象，有利于学生的接受，有利于学生的记忆，有利于引发学生学习的兴趣，有利于营造良好的课堂教学气氛，有利于节约时间提高教学效率。教学媒体的运用，不能喧宾夺主，不能让教学媒体完全代替黑板，不能让教学媒体束缚学生的想象力，不能花里胡哨。

十、教学设计

有教学，就有教学设计。有一定设计的教学，才是有思想的教学。评价教学设计的优劣要看课堂的教学目标是否明确、适宜、全面，能否激发学生的学习动机，复习的内容是否合理，引出新课是否顺理成章，提示重点、难点是否巧妙，知识应用是否得体，学习反馈与评价是否及时。

第六节　评学生主动性及参与度

　　课堂教学是以教学内容为中介，由教师的教和学生的学共同组成的活动。教师的教是外因，学生的学是内因，外因要通过内因才能起作用。学生的学习不是单一、被动的接受过程，而是一种积极主动的内化过程，教师及其所创设的教学情境是基于学生的客观因素，只有当学生学习的主观能动性被充分调动起来，并与教师及教学情境产生积极互动时，知识技能才能内化为学生的智能结构。因此，学生是学习活动的主体，教学目标的实现取决于学生对教学活动的参与程度。评价课堂教学，不仅要看教师教的情况如何，更要看学生参与教学活动的情况如何。

　　在课堂教学中，学生主动参与学习是学生主体性的体现，只有学生成为学习的主体，才能产生学习兴趣，与教师共同构建富有生命活力的课堂。因此，学生主动参与学习的广度和深度是现代课堂教学评价的重要方面。

一、学生的参与面要广

　　学生参与的广度是指各种层次的学生都有参与教学活动的机会。评课时要看教师是否能在教学内容的基础上充分考虑班级全体学生的实际情况，针对学生学习水平层次的不同，设计不同难度的问题，以激发学生的学习兴趣，让每个层次的学生都有机会表现自己，觉得自己学有所得，从而积极主动地参与教学活动。

二、学生的参与方式要多样

　　不同的教学内容，学生参与教学的方式不同。在新课和学生获得间接经验为主要目标的教学中，要充分发挥教师的主体作用，让学生勤思考、勤动手，积极主动地去探索新知，从而使学生的实践能力、创造性思维能力得到培养。

　　学生参与课堂教学过程的形式可以有很多种，可以是师生、生生之间的提问与对话、生生间的合作学习、集体讨论,师生间的研讨、评价等互动过程,也可以是学生的独立学习、动手操作等。一堂课中学生的参与形式可以是独立学习,可以是小组学习,也可以是多种形式的混合,这样既形成良好的课堂氛围又可以促进学生多种能力的协调发展。因此,评课时要看教师能否根据教学内容和学生的实际情况,让学生多途径、多角度地参与教学过程。

三、学生的参与品质要高

评课时要看学生在课堂上是否情绪饱满,学生是否保持良好的注意状态,学生的学习兴趣是否浓厚,学习热情是否高涨。要看课堂上是否有良好的合作氛围,学生能否很好地与他人沟通,学生是否善于倾听,能否理解他人的发言,并及时抓住要点。要看学生是否具有问题意识,是否敢于提出问题,发表见解,问题与见解是否有挑战性和独创性,还要看学生是否具有较强的动手能力等。

四、学生的参与效果要好

评课时要看教师在课堂上是否提出了有价值的问题来调动学生参与的积极性,是否通过创设悬念来引起学生的学习兴趣;是否通过认知冲突、问题意识来调动学生参与学习的主动性和积极性,使学生在主动获取知识的同时,在情感、态度上获得新的感悟,能力得到有效的提高。

要看课堂上是否有多边的、丰富多样的信息联系与信息反馈;要看学生是否有适度的紧张感和愉悦感,学生能否自我控制与调节学习情绪;要看学生是否都各尽所能,感到踏实和满足,学生是否对后继的学习更有信心,感到轻松。

第七节　评多媒体的运用

"新课标"要求加强信息技术与学科教学的整合力度,以此促进教学方式的变革,为学生的多样化学习创造良好环境,培养其信息素养和自主学习的能力,提高教学的整体效益。

多媒体以图文并茂、声像俱佳、动静皆宜的表现形式,使学生的视觉、听觉等多种感官受到强烈的刺激，将抽象和陌生的知识直观化、形象化，能有效地激发学生的学习兴趣，提高学生主动学习、思考的积极性，从而将课堂教学引入全新的境界。因此，在评课时，教师多媒体的运用能力和效果也是评价的一个方面。

一、要突出语文学科特点

多媒体教学要注意学科的特点和教学内容的要求，要与教学内容紧密结合，不能因过于关注视频画面，而削减了学科本身所具有的审美教育、智力开发、想象力培养的作用。例如，讲授关于文学知识方面的学习内容可以采用微视频的方式进行。

二、要选择恰当的媒体

多媒体教学要与其他常规媒体配合使用，才能更好地发挥作用。因为任何教学媒体都有自己的长处，也有自己的短处。例如，在进行小学语文生字词的教学中教师可以当堂板书，这样更便于师生交流，有助于学生理解生字的笔顺。

适当地用粉笔字来板书教学重点内容，不仅有助于学生对一节课教学内容的整体把握，还能巩固学生对知识点的掌握。因此，评课时要看教师能否恰当地选择多种媒体，是否适时、适当地运用投影仪、录音机、计算机、电视、电影、AI等现代化教学手段，能否充分发挥各种媒体的长处，为教学所用，还要看教师运用这些媒体的熟练程度。

三、要合理使用多媒体

作为一种教学辅助手段，多媒体的优越性是无与伦比的，运用得当可以使教学如虎添翼、锦上添花，但是使用不当也会给教学带来负面影响。因此，评课时可以观察教师能否正确地认识多媒体在教学中所扮演的角色，是否做到合理运用，能否实现多媒体与课堂教学的最佳整合。

（一）媒体设计要适度

适量的图、文、声、像的使用，可以充分调动学生的学习兴趣和学习积极性，画面的设计与展示要自然恰当，过分新奇、复杂的多媒体画面和动画效果以及过分夸张的声音会分散学生的注意力，导致学生过分注意无需掌握的部分，忽视需要掌握的内容，影响学生的听课与思考。

（二）媒体使用要适量

将一些复杂的图形或总结性文字事先制成幻灯片或投影片，根据需要用电脑、投影仪放出来，可以节省课堂上绘图或板书的时间，加快学生的感知进程。但是若课堂容量过大，学生接受的信息过多，就会难以消化，以致没有思考问题的机会和时间。要根据学生的知识水平结构与接受能力，有计划地规划课堂内容的多少，让学生在抱着兴趣学习的同时还有时间记录和消化所学内容。要留给学生思考、讨论的时间，注意与学生的交流。

但要明确教师在教学中的主导作用。教师恰当精要的讲解、有条理且必要的板书、及时的操作示范、自身教态、与学生的情感交流等都是计算机所不能完全替代的。

（三）课件质量要高

教师运用多媒体的一种形式是制作课件。多媒体课件的质量是教学质量的基础，对于课件的质量，可以有以下评价标准：课件制作规范，界面布局合理，画面清晰，构图简洁，色彩明快，画面衔接自然，声效喧而不闹；图片、音频、视频、动画的运用切合教学主题，解说清晰，版面设置适合学生阅读；课件运行稳定，界面友好，操作简单；课件中文字表达规范，符号、单位和公式符合学科标准。

第八节　评教学实效性

分析一堂课，既要分析教学过程和教学方法方面，又要分析教学结果方面。课堂教学的实效性是评价一堂课好坏的重要依据。

教学实效性的评价内容从教师的角度来说主要看是否按时完成教学任务，实现教学目标的情况，教学设计和内容分量是否恰当等。从学生的角度来说，要看学生通过努力是否达到了教学目标，学习能力是否得到了发展，学习主动性是否增强；要看学生动脑、动口、动手的情况，学生的学习兴趣和思维活跃状态，学生在掌握知识和方法、养成行为习惯等方面所取得的进步；要看课堂教学效率的高低，看课堂教学对全班学生中多少学生是有效的，优等生、中等生、后进生的学习效率分别达到何种程度。

一、学生受益面要广

主要考察学生上一节课，在上课前和上课后是不是有所不同。要看学生在课堂上是否学到了知识，锻炼了能力，学生在教学过程中有没有良好的、积极的情感体验，学生能否主动地投入学习中去，产生更进一步学习的强烈愿望。教师是否能面向全体学生，使所有学生都有不同程度、不同方面的收获，使不同程度的学生在原有基础上都有所进步。

有实效的课堂教学能有效利用整堂课的时间，使学生学得轻松愉快，积极性高，问题当堂解决，学生负担合理。在这样的课堂里，学生思维活跃，气氛热烈，通过教学，学生都发生了一些变化，整个课堂是充实的，能量是大的。

二、教学目标的达成度要高

教学目标的达成度也是衡量教学实效的基本指标之一。一节课的教学目标达成度高，这节课的教学效果就是好的，反之则是较差的。在目标达成方面，要看教学目标是不是明确地体现在每一个教学环节中，教学手段是否都紧密地围绕目标，为实现目标服务，要看教师在课堂上是否能尽快地引出重点内容，重点内容的教学时间是否得到保障，重点知识和技能是否得到有效的巩固和强化。

知识与技能作为学生学习的间接经验，是生成型的培养目标，它们的形成过程一般伴随着教学的过程。一堂课上完了，这堂课应该让学生学会的知识与技能，学生就应该掌握，可以通过即时测验来检查学生的实际掌握情况，从而反映这堂课的效果。

过程与方法对应的能力以及情感态度与价值观作为学生的直接经验，则是长周期的培养目标，需要在每堂课上都加以关注与渗透，让学生有所感知与体验，这些经验只有积累到一定程度才会使学生产生感悟，成为他们自己经验体系的一部分。因此，对过程与方法、情感态度与价值观方面的目标，只能观察教师在课堂里有没有渗透，有没有体现，而不能考察学生有没有收获与变化。

三、能正确处理预设与生成的关系

作为教学活动主要构成因素的教师与学生是具有自主性、独立性、创造性的生命个体，真实情境中的教学活动是一个非常复杂的生命过程，总是充满着各种变动因素，不可能完全按照预先安排好的计划去进行，需要在预先设想和安排的基础上根据具体发生的情况进行调整，以适应、处理和利用这些构成真实教学过程的变化因素。

因此评课时一方面要看教师在课前有无充分的预设，在充分研究教材、了解学生的基础上，预设学生会提出什么问题，喜欢什么样的学习方式，教师预设得越充分，就越能更好地捕捉利用生成的动态资源，生成新的教学内容和目标。另一方面要看教师能否根据具体教学进程中动态的课堂情境灵活处理生成资源，及时调整教学进程，使教学活动更贴近学生的成长和发展。

从教学的现状来看，一些教师在面临生成性的教学情境时，还不能及时把握和调整教学进程，有些甚至会生硬地将教学扭转到预设的教学过程上去。导致这种情况的，有教师教学观念方面的因素，也有教师临场应变能力方面的因素。评课时要看教师能否合理处理预设与生成的关系。

第四章 语文评课的形式

随着评课对象的变化，评课人数的改变，评课的形式应该是灵活多变、多种多样的。

第一节 集中讨论式

集中讨论式通常在听课人数比较多的情况下采取，听课者有领导、教师，有时还有校外同行，乃至上级教育行政部门的领导和教研人员。在听课结束后，由听课者与授课教师共同组成的评课组或由多名听课者组成的评课组，就某一节课进行分析、评议和综合评价。一般要求从教学目标、教材处理、教法运用、学法指导、教学过程、教学效果和教师素质等方面进行评价。其特点在于评课教师在随堂听课的基础上，对授课教师的课堂教学行为有所侧重地作出一分为二的定性评价，肯定优点，指出存在的不足。通常偏重对授课教师课堂教学过程进行定性评价，一般采用"评议结合法"进行评价，虽然形成性定性评价不如总结性定量评价精确，但便于评价者和被评价者双方沟通交流。这类评课方式是在学校教研组进行观摩教学时，使用得最广泛的一种。这种方式可按如下步骤进行：第一步，授课者介绍自己教学方案设计的意图以及对教学目标、教材的认识和选择教学方法的依据；第二步，评课人根据听课的情况以及授课者的介绍发表各自的看法，进行充分的讨论；第三步，授课者根据自己的教学情况和评课人的意见，总结自己课堂教学的得与失。

这种评课方式着眼于课堂教学行为本身，以发现教学中存在的问题为主要目的，注重对授课教师进行专业指导。授课教师有刚参加工作不久的新教师，也有经验丰富的老教师，有新秀，有骨干，也有能手、名师，有活跃型，也有内向型，有严肃型，也有可亲型，形形色色，各有差异。作为评课者，为了达到评课的目的，一定要学会聆听授课教师的自评，从而作出判断，作出点评内容的取舍，切不可一意孤行。因为点评"仁者见仁、智者见智",评课本就无法用条条框框的标准准确量化,只有评课者与授课者达成一致,点评内容才能落到实处。在课堂上,听课者通过观察、聆听授课教师的教学设计、教学过程等来了解教学设计的思路、理念和具体实施情况,进而共同分析评价教学设计是否科学、合理。在研讨过程中,听课教师可以通过自己的实践感受、教学心得或教学困惑向授课教师提出问题,与授课教师一起共同寻找解决问题的途径。

第二节 书面评议式

书面评议式是指在受评课人数较多,或受时间、空间限制,以及避免影响授课者情绪的情况下,听课人通过书面形式表达自己的见解。评价一堂课是否成功,首先应该关注的是学生的学习状态,学生是课堂的主人,学生是学习活动的主体,是教学活动的出发点和归宿。"以学论教",即重视学生对知识的掌握程度、学生能力的形成程度、学生思维的发展程度等,让每一个学生都在原有基础上得到发展。从一定意义上讲,评价一堂课的关键并不在于看教师教得如何,而在于看学生学得如何。先由听课教师根据听课印象、记录,并结合自身或他人的教学经验及评课常识进行口头评议,然后由一人对听课者的书面意见进行整理。在评议时可以把课堂教学过程列出若干评价指标,并依据评价因素的内涵进行具体的量化评价。在使用指标性评价过程中,要求评课人员能正确把握评价指标体系,对评价指标体系有较完整的理解。

另外,还需要有较高的学科专业知识、教学水平,敏锐的观察能力,扎实的教育教学理论功底。这就不难理解为什么各种课堂教学评价的人选都是由那些高学历、高职称及教学教研经验丰富的教师来担任。为使评价效果科学、合理,在实际使用中,评课教师需要对评价指标体系进行探讨和学习,并结合评课内容制定出切合实际的课堂教学评价表。一个科学、合理的评价指标体系能够有效地抑制、克服教学过程中的弊端,并使积极因素得以发展,以达到发挥长处、弥补不足、调节教学的目的。这种评课比较深刻,考虑也比较周到。它的优点,一是能对听课的情况进行认真的回忆和整理;二是能比较周全地运用教育教学理论来评课,从课中发现、总结出有价值的、本质的东西来。

第三节 学生评议式

学生是课堂教学的主体。一堂课的好坏，学生拥有真正的评判权，他们的评议可以帮助教师及时调整自己的教学方向，改进教学质量。学生评议式指的是学生从教师的教学态度、精神面貌、教学方法、师生关系、自己的学习情况等方面对本堂课进行评议。把学生引入评课，有助于教师倾听学生的心声，了解学生的真情实感，有助于教师理性地反思教学行为。教前更深入地了解学情，以学生的立场来确定教学目标、设计教学过程、实施教学行为、评价教学结果，真正将新课改的核心理念落到实处。

学生以一种主人翁的方式主动、自觉地思考教师教学的行为，盘点学习的收获，可以极大地激发学生的主体意识，提高学生的反思能力，同时有助于教师真正了解学生。以往，教师对学生的评价主要以外部观察与主观测定为依据，重点评价学生学习的结果，对学生的思维能力、发现能力、理解能力、语言表达能力、学习能力、学习效果等内部因素的考察具有局限性，不利于教学信息的真实反馈。

所以，通过学生参与评课，有助于教师全面客观地了解学生的实际需求和体验，对教学效果作出公正的评价，进一步优化教学行为。这种形式对学生的要求比较高，必须经过多次训练才能有所成效，而且需要班上的师生关系融洽，学生表达能力较强。学生评议式符合"新课标"中以"学生为中心"的理念，它的最大优点在于可以让授课者或评课教师克服片面性。

第四节 个别交谈式

当听课人只有一两人的情况下，或是到场专家想要单独与授课教师进行交流时，往往会采取个别交谈的形式。听课者和授课者要面对面进行交谈，可以就有关问题进行对话式的交流、沟通。这种交流可以不必避讳授课者的不足，可以开诚布公地指出优点和缺点，有利于深入地探讨问题。评课者特别是教研人员应当杜绝"话语霸权"，不以自己的好恶评判教师的课，不把自己的观念强加到授课者身上。要以合作者的心态，抱着真诚、合作的态度，以朋友的身份与授课者商讨哪种教学模式或教学方法更为适宜，要允许授课者选择自己喜欢的教学模式或教学方法，与授课者共同打造精彩的课程。

评课过程是切磋教学艺术、琢磨教学智慧的过程，评课现场是一个心灵交汇、情感碰撞的磁场，所以评课者要善于倾听授课者的教学意图，从倾听开始开展评课。在单独进行交流时，双方可以围绕课堂教学中出现的问题，逐一进行讨论、分析、研究。这种评课形式是在评课者与上课教师对课堂教学中出现的问题进行深入探讨研究的基础上进行的。这种评价方式要求评价过程必须以人为本，以课评人，评价目标指向人，评价过程尊重人，评价内容体现人，评价标准判断人，以评价教师为主导，以授课教师为主体，以学生为主人，以教材为主本，以课堂教学过程为主线，对授课教师的教学行为进行全面客观的科学评价。

第五节　自我剖析式

自我剖析式指说课者根据评课者的评价对自己的课堂教学进行再反思，从而对自己的教学进行修改，优化自己的课堂教学，提高自己的教学能力。一般从教学目标、教材处理、教法运用、学法指导、教学过程和教学效果等方面对自己本堂课的表现进行评价，这是一种最容易进行也是最重要的评课形式。

因为这种形式随时随地可以进行，而且任何一种其他形式的评课，最终还得经过其本人的反思、内化才能起作用。高水平的教师能从各个角度对一堂课作出系统、透彻的分析，但有的教师只能东拉西扯地谈一些零碎印象，甚至不得要领。

因此，面对每一堂课，教师都需要全面、细致地思考教学过程中的各个环节，针对教学目的、内容、方法、效果等因素，探讨教学过程中存在的不足和长处，有意识地抑制、克服教学过程中的弊端，使积极因素得以发展，以达到发挥长处、弥补不足、调节教学的目的。

第五章 语文评课案例

【案例一】 小说评课案例

《红楼春趣》课堂实录[①]

场景设定：春日午后，阳光透过窗户洒在教室的每一个角落，黑板上用彩色粉笔写着"《红楼春趣》课堂探索"几个大字，旁边还画着几只栩栩如生的风筝图案。学生们围坐成几个小组，桌上摆放着《红楼梦》的书籍和笔记本。

一、开场导入

李老师（面带微笑，手持一本《红楼梦》）："同学们，春天是万物复苏的季节，也是放风筝的好时节。今天，我们就跟随曹雪芹先生的笔触，一起走进《红楼梦》中的大观园，去感受一场别开生面的'红楼春趣'——放风筝。"

二、自主阅读与思考

李老师："首先，请大家用五分钟的时间自主阅读课文《红楼春趣》，边读边思考以下几个问题：①文中出现了哪些主要人物？②他们是如何放风筝的？③你能从放风筝的场景中感受到什么氛围？④有没有哪个细节特别吸引你，为什么？"

（学生们纷纷翻开书本，开始认真阅读。）

---

① 该评课稿来自：西昌怀远学校林辛。

三、小组讨论与分享

（五分钟后）

李老师："时间到。现在请大家按照事先分好的小组，围绕刚才的问题进行讨论。每组选出一个记录员，记录下大家的观点和发现。讨论结束后，我们将请各组的代表上台分享。"

（学生们迅速展开热烈的讨论。李老师穿梭于各组之间，倾听学生的发言，并给予适时的引导和鼓励。）

四、分享环节

第一组代表："我们组发现，文中出现的主要人物有宝玉、宝钗、黛玉、探春等。他们放风筝时都非常开心，尤其是宝玉，他的风筝飞得最高，他还兴奋地拍手叫好。从他们的笑声和动作中，我们能感受到大观园里春天的生机与活力。"

李老师："是的，从字里行间去感受氛围，你们是会读书的孩子。"

第二组代表："我们组注意到，宝玉在放风筝时非常兴奋，他不仅自己玩得开心，还主动邀请宝钗、黛玉等姐妹一起参与。这体现了宝玉活泼好动、乐于分享的性格特点。"

李老师："很好，你们从人物性格入手，抓住了宝玉的核心特征。其他同学有没有补充或者不同的看法？"

第三组代表："我觉得宝玉还很有创造力，他的风筝是丫鬟们按照他的设计制作的，上面还绣了他的诗。"

李老师："对，这也是一个很好的观察点。宝玉的才情和创造力在放风筝这一活动中也得到了体现。"

第四组代表："我们组被文中描述的风筝样式和颜色所吸引。曹雪芹先生用细腻的笔触描绘了各式各样的风筝，有蝴蝶的、有凤凰的、还有金鱼的……这些风筝不仅美丽，还寓意着吉祥和美好。"

李老师："其他同学，你们有没有注意到文中对风筝样式的描写？这些风筝有什么特别之处吗？"

学生A："有！文中提到了蝴蝶风筝、凤凰风筝等，各不相同，都很好看。"

李老师："那么，这些风筝的样式和颜色又反映了什么呢？会不会和人物的性格或者身份有关呢？"

学生B："可能是的！比如凤凰风筝可能象征着宝钗的高贵和优雅。"

李老师："很好！你联想到了人物的身份和性格，这是一个正确的思考方向。"

李老师："同学们，前面几个小组讨论到了人物的性格，现在，让我们再一起来看看文中的环境描写。请大家找出描写春天景象和放风筝场景的句子，并思考这些描写有什么作用。"

（学生们再次翻开书本，寻找并讨论环境描写的句子。）

（学生汇报）

学生C："我找到了这句，'桃花含苞待放，柳絮随风飘扬'，这描写了春天的美丽景象，为放风筝的活动增添了诗意。"

李老师："非常好！环境描写不仅为我们描绘了一幅美丽的春日画卷，还烘托了人物内心的愉悦和轻松。那么，我们再来看看放风筝这一场景，它有什么象征意义吗？"

（学生们陷入沉思，李老师给予提示。）

李老师："风筝高高飞起，象征着人的梦想和愿望，而当风筝断线飞走时，又意味着什么呢？"

学生D："风筝断线飞走可能象征着人物对自由的向往和对命运的无奈。比如黛玉的风筝断线飞走，就反映了她内心的孤独和对未来的不确定。"

李老师："非常好！你的解读非常深刻。风筝确实可以作为一个象征物，反映人物内心的情感和命运。"

五、教师总结与拓展

李老师："同学们，你们的分享非常精彩！通过今天的学习，我们不仅感受到了《红楼春趣》中放风筝的欢乐场景，还学会了从人物性格、环境描写、象征意义等多个角度去欣赏和分析文学作品。其实，《红楼梦》中还有许多类似的精彩片段等待我们去发现、去品味。我想请大家在课后继续阅读《红楼梦》的其他章节，尝试用今天学到的方法去分析其他人物和场景。期待你们下次课能带来更多精彩的分享！"

一、教学目标明确且达成度高

李老师在本节课中,明确地将教学目标设定为引导学生理解《红楼春趣》中的人物性格、环境描写及主题思想。通过一系列的课堂活动和问题引导,学生不仅掌握了课文的基本内容,还深入理解了作品背后的深层含义,教学目标得到了高度实现。

二、教学方法多样且有效

李老师采用了多种教学方法,如直观导入、问题引导、小组讨论等,这些方法不仅激发了学生的学习兴趣,还促进了学生的主动思考和合作探究。特别是通过手绘春日风筝图的直观导入,迅速吸引了学生的注意力,为后续的学习奠定了良好的基础。

三、课堂评价及时且具体

李老师对学生的回答和表现给予了及时且具体的评价。她不仅关注学生的答案是否正确,还关注学生的思考过程和表达方式。这种评价不仅让学生明确了自己的优点和不足,而且为他们提供了改进的方向和动力。

四、建议与展望

尽管李老师的这堂课已经非常成功,但仍有一些可以进一步改进的地方。例如,李老师还可以尝试运用更多的现代教学技术,如多媒体、网络资源等,来丰富教学手段和教学资源,提高教学效果。可以利用多媒体展示《红楼梦》中的相关场景和人物形象,让学生更直观地感受作品的艺术魅力。

总之,李老师的这堂课在多个方面都表现出色,值得肯定和借鉴。相信在未来的教学中,她会为学生带来更加精彩和有效的课堂体验。

【案例二】 诗歌评课案例

《绿》课堂实录[①]

一、情境导入，激发兴趣

教师（手持一盆绿意盎然的小盆栽走进教室）："同学们，看看老师手里的这盆小植物，它是什么颜色的？"

学生（异口同声）："绿色！"

教师："没错，绿色！当春天来临，万物复苏，绿色便成为了大自然中最动人的色彩。今天，我们就将跟随诗人艾青的笔触，走进他的诗歌《绿》，一起去感受那份来自心底的绿意盎然。请大家翻开课本，我们一起开始这场绿色的旅行。"

二、初读感知，整体把握

教师："首先，请大家闭上眼睛，听我为大家朗读这首诗。在听的过程中，请尝试在脑海中描绘出诗人所描绘的绿色世界。"（教师配乐朗读课文）

（朗读结束后，学生睁开眼睛，脸上洋溢着对绿色世界的向往。）

教师："现在，请大家自己朗读课文，注意诗歌的节奏和韵律，同时思考：这首诗主要写了哪些绿色的景物？它们给你留下了怎样的印象？"

（学生自由朗读，教师巡视指导，鼓励学生边读边思考。）

三、精读细品，师生互动

教师："读完课文后，我们来进行一场小小的分享会。哪位同学愿意先来分享你的感受？"

学生A："我觉得诗人笔下的绿色非常生动，他写了风、雨、水、阳光都是绿的，这让我感受到了绿色的无处不在和生命的活力。"

教师："你的感受非常细腻，确实，诗人通过丰富的想象，将绿色赋予了万物，让我们感受到了一个充满生机的绿色世界。那么，你能从诗中找到一句最能体现这种生机

[①] 该评课稿来自：西昌阳光学校蒙秀月。

的句子吗？"

学生 A："'所有的绿集中起来，挤在一起，重叠在一起，静静地交叉在一起。'我觉得这句最能体现绿色的丰富和生命的活力。"

教师："非常好！这句诗通过'集中''挤''重叠''交叉'等动词，生动地描绘了绿色世界的繁盛景象。"

教师："同学们，诗歌中有一句'好像绿色的墨水瓶倒翻了'，你们想象一下，如果这个墨水瓶真的倒翻了，绿色的液体四处流淌，会是一番怎样的景象呢？"

学生 B："那整个世界都会被绿色覆盖，草地更绿，树叶更浓，连河水都仿佛被染成了绿色。"

教师："非常形象的描述！这样的景象是不是让人感到无比的清新和充满生机呢？那么，请大家再找找看，还有哪些句子让你感受到了这种生命力？"

学生 C："'突然一阵风，好像舞蹈教练在指挥，所有的绿就整齐地按着节拍飘动在一起……'这句让我感觉绿色仿佛有了生命，它们在风的指挥下翩翩起舞，非常美妙。"

教师："你的感受非常深刻！诗人用拟人的手法赋予了绿色以生命，让我们感受到了大自然的和谐与美妙。那么，你能否尝试用自己的话，再描绘一下这个场景呢？"

（学生 C 尝试用自己的语言描绘，其他同学认真倾听，有的还轻声附和。）

教师："我们之前提到绿色代表生机与活力，但绿色是否还有其他更深层次的含义呢？比如，绿色与环保、与我们的生活方式有什么联系吗？"

学生 D："绿色代表环保，因为现在环境污染很严重，我们需要更多的绿色植物来净化空气，保护环境。"

学生 E："我觉得绿色还代表健康，比如我们常说的绿色食品，就是无污染、对身体有益的食物。"

教师："你们的见解非常独到！绿色确实与环保、健康等方面紧密相关。那么，作为新时代的学生，我们应该如何为保护环境、促进健康贡献自己的一份力量呢？"

（学生纷纷发言，提出自己的建议和想法，如节约用水用电、减少使用一次性塑料制品、多参加植树造林活动等。）

四、板书设计，深化主题

（教师在黑板上画出了一幅绿色世界的简笔画，包括树木、草地、河流等元素，并在旁边写下关键词：生机、希望、活力、自然之美。）

教师:"同学们,看黑板上的这幅画,它就是我们刚才在诗歌中感受到的绿色世界。现在,请大家结合我们刚才的讨论,思考一个问题:绿色对你而言,除了代表自然界的色彩外,还有哪些更深层次的含义?"

(学生分组讨论,教师参与各组讨论,引导学生从环保、健康、和平等角度思考绿色的多重含义。)

五、汇报交流,拓展延伸

各组选派代表上台汇报讨论结果,学生们的发言精彩纷呈,有的谈到了绿色与环保的关系,呼吁大家要爱护环境;有的则从绿色联想到健康的生活方式,提倡绿色出行、绿色饮食;还有的将绿色与和平联系起来,认为绿色是和平的象征。

六、总结提升,情感升华

教师:"通过今天的学习,我们不仅仅领略了诗人艾青笔下的绿色世界之美,更深刻地体会到了绿色在我们生活中代表的意义。绿色不仅是自然界的色彩,更是我们心灵的寄托和追求的目标。让我们带着这份对绿色的热爱和向往,去创造更加美好的未来吧!"

本节课以绿色为主题,通过生动的情境导入、深入的文本解析、积极的师生互动以及富有创意的板书设计,成功地将学生带入了诗歌《绿》的意境之中。教师在教学过程中注重引导学生主动思考、积极表达,不仅加深了学生对诗歌内容的理解,还激发了学生对自然、对生活的热爱之情。同时,教师还巧妙地将绿色与环保、健康、和平等社会热点相结合,开阔了学生的思维视野,提升了学生的综合素养。整堂课氛围活跃,学生参与度高,教学效果显著。

特别是以下几个方面值得肯定:

(1)问题设计巧妙:教师设计的问题既紧扣文本内容,又富有启发性,能够引导学生从不同角度、不同层面去解读诗歌,深化对文本的理解。

(2)情感共鸣强烈:教师通过生动的语言描述和情境创设,成功地将学生带入诗歌的意境之中,使学生与诗人产生情感共鸣,从而更加深刻地感受到诗歌所传达的美感和情感。

（3）深度探讨有效：在深度探讨环节，教师不仅引导学生关注绿色在文本中的象征意义，还巧妙地将其与现实生活相联系，引发学生对环保、健康等社会问题的思考，培养了学生的社会责任感和环保意识。

（4）学生参与度高：整堂课学生参与度极高，无论是回答问题还是发表见解，都表现出极大的热情和积极性。这得益于教师良好的课堂氛围营造和有效的师生互动策略。

（5）拓展延伸恰当：教师在课堂结束时巧妙地进行了拓展延伸，引导学生将所学知识与社会实践相结合，提出了具体的行动建议。这种教学方式不仅有助于学生巩固所学知识，还能够激发学生的实践热情和创新精神。

总之，本节课是一堂充满智慧、情感和活力的语文课。教师在师生互动环节上的巧妙设计和有效实施，不仅提升了学生的语文素养和综合能力，还为学生未来的发展奠定了坚实的基础。

 **散文评课案例**

《夏天里的成长》课堂实录①

师：同学们，看窗外，当阳光如金色的绸缎般洒落大地，当微风带着丝丝暖意轻抚过脸颊，我们知道，现在是哪个季节悄然到来？

生：夏天。

师：在这个充满魔力的季节里，不仅阳光变得热烈，连空气都弥漫着生长的气息。今天，就让我们一起走进课文《夏天里的成长》，共同感受那份独特的生命韵律。

（板书课题）

一、初读全文

师：首先，请大家轻轻翻开课本，跟随作者的笔触，走进这个生机勃勃的夏日世界。请大家用自己喜欢的方式朗读课文，想一想：本文是围绕哪一句话来写的？作者又是从

---

① 该评课稿来自：西昌怀远学校冯晴。

哪几个方面把这个中心意思写清楚的呢?

生:我在文章的第一段找到了中心句:夏天是万物迅速生长的季节。

师:那你发现了哪些在夏天里成长的事物呢?

生:有动植物,有山河大地,还有我们人类自己。

师:万事万物的成长,都呈现出了不同的特点。你可以概括出他们的种类吗?

生:生物,事物,人。

二、深入品读

1. 生物生长

师:接下来,让我们一起深入品读课文中的精彩句段,感受那些生动而鲜活的成长瞬间。请同学们自由朗读文章的第二段。画出本段的中心句。请你说说你的发现。(学生勾画中心句)找得非常准确,那我们一起来读一读吧。

(学生看书,做符号。)(学生讨论大约三分钟。)

生:(读中心句)生物从小到大,本来是天天长的,不过夏天的长是飞快的长,跳跃的长,活生生的,看得见的长。

师:这句话里有四个关键词,你们圈出来了吗?没错,就是"飞快""跳跃""活生生""看得见"。

师:我们都知道"飞快地长"是长得很快的意思,那后面这三个词语是什么意思呢?这个问题好像难倒大家了,没关系,让我们继续回到这一段寻找答案。请同学们快速默读这一段,找出第二段描写的生物,以及它们对应的生长时间和方式。在小组内交流合作,互相补充,完成大屏幕上的表格。

师:同学们的讨论声渐渐小了,乘风组最先举手,请你回答。

生:文章里的"一天""几寸""半节"从时间和长度上,写出了植物生长状态。

师:你通过时间词和生物生长变化的句子,说出了不同生物的特点。逻辑清晰,请坐。请同学们再看大屏幕,和老师的答案对照一下。

师:通过这个表格,我们把文章读短了,读清晰了。你们从中发现了什么?

生:瓜藤、竹子、高粱是一夜之间就长起来了,长得真快啊。(板书)

师:你还发现了短短的时间之内,苞蕾变成了鲜花,石头上变出了苔藓,泥土上长出了草坪菜畦,小猫、小狗、小鸡都变得有妈妈一般大了,你从中感受到了它们的变化之大,难怪作者说是跳跃的长啊!

师：那"活生生的、看得见的长"从哪里可以体现呢？

生：作者举的这些例子都是现实生活中随处可见的动植物，很逼真，很生动，让我们真真切切地感受到了它们是在活生生的、看得见的长。

师：你能联系到我们的生活实际，很好，请坐。

师：同学们，探究到这里，你们发现这些例子和本段的第一句话是什么关系了吗？没错，这些事例都是围绕着本段的中心句来写的，让我们更加清楚地理解了本段的中心思想。

2．事物生长

师：接下来，请同学们用刚才的方法，小组合作讨论第三、四自然段，找出这两段的中心句，并思考作者是如何把中心意思表达清楚的。这次的讨论相信大家都得心应手了吧！

师：请逐梦组展示自己的成果。

生：第三段的中心句是"随着太阳威力的增加，温度的增加，什么都在生长"，我们还找到了山地、铁轨、柏油路这些事物的生长。

师：请你具体说说作者是怎么写的。

生：草木让山变得更茂盛，庄稼让地显得高起来，河水涨起来了，变得更宽、更深了。

师：你结合实际谈自己的感悟，很不错。那老师想问：铁轨是怎么生长的？

生：因为温度高所以热胀冷缩，作者把这种变化说成是成长。

师：你真是个聪明的小科学家。请坐。同学们看，正是因为抓住了关键事物的生长特点，作者才把太阳下万物生长的样子写得这么有趣。

3．人的生长

师：凌云组也想分享。

生：我们找的是第四自然段，这一段的中心句是"人也一样，要赶时候，赶热天，尽量地用力地长"。

师：在这里，老师有疑问了，作者前两段写的是生物生长和事物生长，这里怎么忽然提到了人的生长呢？

师：看你胸有成竹，请你来说。请你联系文中的谚语来回答，"处暑不出头，割谷喂黄牛"的意思是什么呢？

生：如果庄稼没有长出穗就没有收成的希望了，只能割了喂牛。作者借助谚语来暗示人的生长、人的成长也需要趁年轻、抓好机会。

师：同学们看，作者可真善于表达呀，从动植物的生长到事物的生长，最后再到人的生长，层层递进地，就把"夏天是万物迅速生长的季节"这个中心意思给写清楚了。

三、总结

师：同学们，通过今天的这堂课，我们学习了围绕中心思想把事物写清楚的方法，也一同领略了夏天里万物生长的壮丽景象。然而，成长并非一蹴而就的，它需要阳光和雨露的滋润，也需要我们的努力和坚持。最后，老师想用一句话来结束我们今天的课程："在成长的道路上，每一个夏天都是我们宝贵的财富。愿我们都能像夏天里的万物一样，勇敢地面对挑战，不断地成长和进步！"

四、作业

师：围绕"春天是万物复苏的季节"这个中心思想来写一段话，下节课一起交流分享。下课。

一、教师主导作用

教师在本堂课中发挥了主导作用，既是学生的引路人，也是学生的合作伙伴。教师在课前进行了充分的备课，对教学内容进行了深入的研究，确立了切实可行的教学目标。在课堂上，教师运用生动的语言和富有启发性的教学方式，引导学生深入探究文本，激发学生的思考欲望。同时，可根据学生的反馈及时调整教学策略，确保每个学生都能跟上教学进度。

二、因地制宜的教学策略

教师在本堂课中采取了因地制宜的教学策略。结合当地的气候特点和学生的生活经验，教师巧妙地引导学生回忆夏天的生活场景，将文本与实际相联系。此外，教师还利用当地的文化资源，为课堂教学增添了地域特色。

三、课堂氛围营造

教师在本堂课中营造了良好的课堂氛围。通过轻松愉快的引入和有趣的活动设计，教师成功地激发了学生的学习兴趣和积极性。同时，教师培养学生的合作精神，鼓励学生相互帮助、共同进步。这种和谐的课堂氛围为学生提供了一个良好的学习环境，使他们能够全身心地投入到学习当中。

四、值得探讨的点

学生参与度高，如何持续保持？如何更有效地利用当地的教学资源？课后作业如何体现课堂内容？

【案例四】 文言文评课案例

《杨氏之子》课堂实录①

师：初次见面，老师先给大家做个自我介绍。吾乃肖氏之女，巴蜀人士，好读书，酷爱文史，乐交天下才俊也。听了我的自我介绍，你对我有哪些了解？

生：老师姓肖，是四川人。

生：老师爱读书，尤其是文史类，还爱交朋友。

师：的确如此，除此之外，你还有什么发现？

生：老师说的是文言文。

师：是的，这样的句子，我们叫它文言，由这样的句子组成的文章，我们叫它文言文。而今天，我们要学的也是一篇文言文。

（板书：21、杨氏之子）（齐读课题）

师：读了课题，谁能说说这篇古文主要写的是谁？

生：姓杨人家的儿子。

师：子，既可以指儿子也可以指女儿。姓杨人家的儿子我们称他为杨氏之子，那么姓李 / 王人家的儿子呢？

生：李氏之子、王氏之子。

师：读了课题你的脑海里会产生什么疑问？这些疑问也恰好是我们深入学习的方向，

---

① 该评课稿来自：西昌阳光学校肖婷。

下面，让我们走进文章，去把文章读顺。请大家打开书第108页，自由读古文，注意读准字音。

（生自由读）

师：别看只有短短55个字，读起来还真不容易。文中有两个字是多音字，在这里，该读什么？先看第一个，"为"，在此处，你认为该读什么？

生：wèi。

师：第二个字"应"在这里又该读什么？为何？

生：应该是回应的意思，所以读四声。

师：根据意思来判断读音是学习古文的方法，谁愿意来读读这句话？

（生读）

师：接下来，我们一起把文章好好读一读。

师：你们可知真正的古文有无标点？

生：没有标点，没有停顿。

师：它完全靠我们对句意的理解来划分停顿。文中有两处地方停顿较难，大家自己读读，看看该如何断句？（PPT显示句子）

师：第一处，同学们，这"曰"是什么意思？

生：说。

师：这句话是谁在说？

生：孔君平。

师：好，想想这句话该怎么读？谁会读？

生：孔／指以示／儿曰。

师：还是儿曰，谁说话？

生：孔指以示／儿曰。

师：注意停顿，这样一读，句意就出来了，来，读好这句话。

（生读）

师：第二句，句子有点长，谁来？

生：未闻孔雀／是夫子／家禽。

师：家禽二字合在一起，是什么意思？当他们分开后就有了独立的意思，家指的是家里，禽呢？（出示禽的汉字演变图）禽指鸟。所以，在这篇文章中我们要把它们分开，解释出来就是：家里的鸟。看来，了解意思，对读好停顿很重要。就这句话，谁还想读？

生：未闻/孔雀/是夫子家/禽。

师：下面，我们把这两句话再读一遍。

（生读）

师：读古文，不仅要读准字音，还要读出节奏，读出味道，如何读出味道，讲究的是方法，正所谓：声断气连。接下来，我们一起读，老师读蓝色的字，你们读黑色的字，停顿的地方我们把尾音拖长一些。声音抑扬顿挫、起伏跌宕。（第二遍配乐）

（生读）

师：这第二轮，我们得把句子读通。何谓读通句子？就是要带着思考去读，尽可能地读懂每句话的意思。想想，可以用什么方法来读懂每句话呢？

生：可以结合注释。

生：可以联系上下文。

师：不错，下面，我们带着问题默读，默读有利于思考。

（生默读）

师：文中讲了几个人？（板书孔君平 杨氏子）他们之间发生了什么事儿呢？让我们走进文本。第一句谁来读？谁来说？

（生说出了大致内容）

师：这句话在向我们介绍杨氏子为何人。那么，杨氏子为哪国人？几岁？特点是什么？

生：梁国，9岁，很聪明。

师：这句话，重点想突出他的什么特点？那读的时候该怎么读？谁来试着读？

（生读并突出了"甚聪慧"的读音）

师：真好，你不仅读出了他聪惠的特点，还读出了你对他的喜爱。

（全班一起读）

师：第二句，谁来读？

（生读）

师：说说你的理解？

（生说此句大概意思）

师："诣"是何意？第一层意思为下级拜访上级，第二层意思为去看自己尊敬的人。试想，去见自己尊敬的人，孔君平的内心是怎样的？

生：激动。

师：见到人了吗？

生：没有。

师：那此时的心情一定是？

生：失落，可是听说杨家小儿在家，他的心情一下子又期待，高兴了。

师：这句话寥寥数语就将孔君平的心里变化细腻地展现了出来，可见，古人惜墨如金，很多地方都在留白，好让我们充分想象。这句话，谁能读好它？（三四人读）

师：看这"迎客之道"，让一个九岁的孩子出来迎接客人，可见两家常来常往，为下文的调侃做铺垫。下一句，谁来读，谁来说？

（生读）

师：这是杨氏子的"待客之道"，端字用得好，为什么？

生：我觉得能体现孩子挺有礼貌的。

师：对，你很聪明。读仔细了，端来的水果只有一种吗？

生：不止一种，因为果有杨梅，说明有很多水果，水果中有一种是杨梅。

师：看，如此细腻的情节作者只用了几个字？（7个）这就是古文的特点——精炼！这句话一起读，再读！

（生读）

师：姓杨的孩子给姓孔的先生端来了水果，水果中有杨梅，于此，你发现了什么？倘若你是孔君平，你的心里会怎么想？那么，孔君平做了件什么事儿？谁用原文读读，再说说你是怎么理解这句话的。

（生进行孔君平的心理揣测，并畅谈。）

师：他这番行为是在挖苦讽刺这个孩子吗？

生：不是呀，他是在逗这孩子。

师：逗也就算了，他还用上了一个字——君。何谓：君？

生：指"您"。

师：这是对有学识有地位的人的敬称。在逗玩一个孩子时，不忘用敬称，你看他逗得真——

生：妙。（板书：妙问）

师：孔君平在姓氏上开玩笑，杨氏子听出来了吗？杨氏子是怎么回答他的？用横线画出来。

师：谁来读？

（生读）

师：这句话的意思是？言下之意是？此处的夫子指什么？

生：用孔雀和孔姓的联系来回敬。文中的夫子指孔君平。

师：看，孔君平在姓氏上开玩笑，杨氏子也在姓氏上大做文章，这种在《孙子兵法》中就叫"以其人之道——还治其人之身"。用一个词评价下你对他的赞叹。（板书：妙答）

师：这么巧妙的回答，杨氏子一定想了很长时间吧？

生：没有，从应声答可以看出来。也就是他考虑的时间很短，反应的速度很快，思维很敏捷。

师：太了不起了！接下来就这组对话，我们再读读，感受他们的妙问与妙答。

（生读）

师：谁能一口气说出这则古文的所有意思？

（生翻译全文）

师：孩子们，我们来对读，老师读现代文，你们读对应的古文。（齐读）

师：就这样，你一言，我一语，我们就把这篇文章读通了。下面我要问一个很考验水平的问题：杨氏子给你留下了什么印象？这次，你得把文章读透了，才能完美地回答我。下面以小组为单位，勾画关键词，讨论问题。（伺机板书）

预设：

（1）聪明。抓总起句，或找因果联系（巧用关联词）给姓氏开玩笑。

（2）反应速度快。

（3）有礼貌；尊称对方为夫子；未闻（委婉）；端水果（懂得待客之道）。

（生畅谈，师顺势点拨）

师：优点那么多，课文中就不再用"聪明"了，而是用"聪惠"。（板书：聪惠）（PPT对比出示两个词语的意思）对比两个词语，你有何发现？

生：聪惠较之聪明，多了能根据情况应变。

师：那么试想，倘若今日来者非孔君平，而是黄君平，这九岁小儿又该如何回答？

生：未闻黄花是夫子家花。

生：未闻黄瓜是夫子家菜。

生：未闻黄鹂是夫子家禽。

师：此儿甚聪慧，学了"禽"，立刻能用。如果来的是柳君平呢？

生：未闻柳树是夫子家树。

师：都能听得明、答得巧，这杨氏之子不是一般的聪慧，是（指板书）——

生：甚聪惠。

师：看来，你们的反应丝毫不逊色于杨氏子。可见，阳光学子，甚聪慧！

师：孩子们，你们可知这个有趣的故事出自哪里？

南朝的刘义庆在《世说新语》这本书里编撰了许多这样的故事，既体现了古人的非凡智慧，又展示了中国古典文化的博大精深，下来你们自行去翻阅此书，相信你们一定会有不一样的感受。最后一段话，送给在座的诸位。（PPT：不登山，不知山之高；不临溪，不知地之厚；不读古文，不知古文之精炼。品读文学经典，光亮多彩人生！）

读顺、读通、读透，实现文言文学习成就感

《杨氏之子》选自《世说新语·言语》，文章以精练生动的笔触，勾勒出一个机敏善对的九岁男孩与客人机智应对的经过，那机智巧妙的对答，令人回味无穷，拍案叫绝。本单元篇章页的导语和语文要素都指向风趣幽默的语言，这个故事与单元要素紧密勾连，在风趣幽默的语言背后闪现出人物的智慧。

第一步：读顺

由于文言文离我们的时代久远，加之学生刚开始尝试学习文言文，那么朗读环节就显得非常重要。这一环节就是把句子读流畅，读出古文声断气连的韵味，也是读懂文意、感知内容、领悟形象以及背诵课文等一系列课堂流程顺利推进的前提和基础。还原课堂，我们看到，老师在课堂上采用的朗读方式很多：学生自由试读、配乐对比读、全班齐读、个别示范读等。朗读的内容各异：读标题、读词语、读句子、读全篇等。学生在读中译，读中悟，读中品，最终转化成朗读的能力，达到熟读成诵。可以这样说，朗读是贯穿于整个课堂教学始终的。这不仅让语文课书声琅琅、生机勃勃，还让学生的思维永远充满无穷的活力。

第二步：读通

读通，即读明白。文言文，简单说来就是"文"和"言"的集合体。在"言"的落实上，老师处理得非常巧妙。首先从文章标题"之"这一虚词入手，老师没有一板一眼地解释"之"的含义，而是随口用实例"吾乃肖氏之女"切入，让学生不仅理解了"之"的含义，还会举一反三地运用"之"来造句，学以致用，活学活用。诸如此类，文中的"为""其"等词，因为教师恰到好处地处理，孩子们理解起来都完全没有困难，实在令人佩服。同时教师也注重了对"文"的挖掘。文本中"杨氏之子"机智、聪明、幽默、会说话的形象给孩子们留下了深刻的印象，这一性格特点更是令孩子们钦慕不已的。这也是教师应该从文本中挖掘出来并着力培养的学生的核心素养的关键点所在。我们看到，一堂课下来，如"杨氏之子"一样聪明的孩子比比皆是。比如，教师问道：假设孔君平姓黄，你会怎么巧妙回答他？在教师的启发下，学生的精彩答案有："未闻黄鹂是夫子家禽。""未闻黄瓜是夫子家菜。"本次课上到这个环节，其实已经进入了高潮，因为"杨姓"这孩子与小读者之间达成的不仅仅是心灵上的共鸣、思想上的碰撞、智慧上的契合，更重要的是老师已经为孩子们插上了一双想象的翅膀，正要展翅高飞，翱翔于蓝天。在授课中对文言文"言"的落实到位了，"文"的解读才会如此得心应手，水到渠成。

第三步：读透

通过前面一系列的逐层深入，我们在理解了全文的基础上，紧抓文章的主问题：何以见得甚聪慧？聚焦"甚聪慧"三个字，通过搭建的支架，悄然走近杨氏之子，体会他的机智与智慧，增强了学生学习古文的兴趣，激发了学生感悟祖国语言文字的兴趣。将语文工具性与人文性的统一作了很好的诠释。

总之，在教学中，如果我们很好地关注教学中的重点语句，通过读顺、读透的方式，在理解感悟的基础上再进一步，加强语言实践，让学生习得语言，一定能让学生在感受语言形式的同时感受语言的精妙，实现学习成就感，从而提高学生的语文素养！

【案例五】 作文评课案例

"写人要抓住特点" 课堂实录[①]

师：同学们，大家成为初中同学已经两个月了，彼此应该有一些了解。前几天，老师让大家写随笔，介绍本班一名让人印象深刻的同学。有一位同学是这样写的，老师来读一读，请你闭眼听，看看能不能猜出是哪位同学："他浓密的短发一根根站立着，微黑的脸上有一双炯炯有神的小眼睛，笑起来眯成一条缝。鼻子和我们其他人一样，不高

---

① 该评课稿来自：西昌市第十二小学张雁。

也不低。薄薄的嘴唇，一开一合，能看到里面雪白的牙齿。"

生：我猜是黄同学。

师（微笑）：不是的。

生：我觉得是周同学。

师：也不对。

生：老师，我觉得光凭这一段描写很难猜。虽然描写中用了一些好词好句，但是写很多人都可以用这些形容词。

师：我很赞同你的说法。老师在读这一段的时候，也没有猜出是谁。请大家想一想，为什么会这样？

生：我觉得他没有写出这个同学独一无二的特点来。

师：是的。这位同学写的片段，让人感觉既像这个人，又像那个人，就是我们平时说的"大众脸"。但是世界上没有两片相同的叶子，就算是双胞胎，也是能分辨出不同之处的。如果我们近距离跟某个人相处，仔细观察，一定能发现只属于他的特点。牢牢抓住特点来写人，就能让人一眼识别。这就是这节课上我们要共同探讨的主题。

（板书：写人要抓住特点）

师：要想把笔下的人物写得像，具有很高的辨识度，必须找到其特征。那么，人物的哪些特点值得我们写呢？如何抓住这些特点呢？我们先一起来看看教科书中的几段描写："他是一个高而瘦的老人，须发都花白了，还戴着大眼镜。""我疑心这是极好的文章，因为读到这里，他总是微笑起来，而且将头仰起，摇着，向后面拗过去，拗过去。"大家说一说，片段中的人物是谁？

生：是《从百草园到三味书屋》中的寿镜吾老师。

师：描写寿镜吾老师，作者抓住了人物什么特征？

生：写了老师的外貌，"高而瘦""须发都花白了""戴着大眼镜"，这些描述刻画出了一个老先生的形象。

师：很好，抓住了老师的身形等外在特征。这是我们写人要掌握的基本方法。还有补充吗？

生：鲁迅先生还具体描写了寿镜吾老师读书时的样子。"微笑""将头仰起""向后面拗过去"，这些神态和动作描写，表现出老师读书时特别投入。

师：这位同学抓住了寿镜吾老师读书时的独特之处，说得非常好。人物的独特之处，就是人物的个性特点。抓住这些个性特点，就能让读者如见其人。请大家一起读屏幕上老师的提示。

（板书：外貌、动作、神态凸显特点）

生（齐读）：写人物的特点时，可以从外貌、服饰、表情、体型等方面入手，并且按照一定的顺序，有条理地写出来。不必全部描写，可以抓住其中最有特点的地方浓墨重彩。

师：下面，就请大家根据我们总结的这一个小方法，修改自己手上的作文，看看能不能把人物最有特点的地方表现出来。

（生写作，师巡视）

师：谁来读一读，让我们猜猜是哪位同学？

生：他一走进教室，就给人很干净的感觉。他的头发剪得短短的；校服穿在身上既合适又整洁；眼睛虽然不大，但是闪着智慧的光芒。

师：文字描写的这位是谁？

生：我刚才仔细听他读了这段，给我的印象是干净，但还是猜不出到底是班上的哪位，只能从"头发剪得短短的"判断出是一个男生。

师：看来对这个人物的描写还不是很具体，只能给人整体干净的印象，特点不够突出。再请一位同学读一读。

生：他是我们班著名的"吃货"，最爱喝酸奶，因此同学们暗暗送了他一个美称——酸奶哥。那天生物课上，老师正在讲台前专注地讲课，只见我旁边的"酸奶哥"贼头贼脑地往两边看了看，身子一低，头一缩，嘴角翘起"贼兮兮"的微笑，悄悄地从抽屉里摸出一盒酸奶，趁老师写板书的时候，直把酸奶往嘴里灌。由于喝得太急，他的嘴唇都被"染"成了白色。我拼命忍住才没有笑出声来。

生（齐）：这是我们班的周同学！

师：大家这么异口同声，看来这段文字写得很有特点。那么，谁来给我们点评一下这段文字？

生：这段文字用了"酸奶哥"这个绰号，点出了他爱喝酸奶的特点。最生动的是写他上课偷喝酸奶的样子，用了很多动词，比如"身子一低""头一缩""往嘴里灌"。

生：还有神态描写，我觉得也很生动。"贼头贼脑"写出了他上课偷偷摸摸做事的样子。

师：作者抓住了这个人物的一个特点，就是爱喝酸奶。爱到什么地步？上课都要偷着喝。并且，他还运用一系列的动作、神态描写，让我们仿佛身临其境，很有画面感。

师：刚才我们通过欣赏名家作品和自己动手修改的方式，总结出可以通过外貌、神态、动作等描写来凸显人物的特点，让人物摆脱大众脸谱。其实，要写出一个人的真正与众不同之处，光有外在表现是不够的，还要……

生：还要写事。

师：对，人是社会性动物，一个人的喜怒哀乐只有放在具体事件中，才能表现其个性。那么请大家想一想，一个人每天都会遇到很多事，是不是任何事情都可以写？

生：不是的，要写和他性格特点有关的事情。

生：要看一篇文章的中心是什么，然后选择和中心有关的事情写。

师：同学们的思路很清晰，知道写事情必须有所选择。老师发现有些同学皱起了眉头，你们是不是心里疑惑，到底哪些事才是能体现人物性格的事情呢？

（生点头）

师：我们来共同回忆这个单元学过的另一篇课文《再塑生命的人》。在这篇文章中，作者为了表现莎莉文老师的耐心、爱心和高超的教育艺术，写了有关莎莉文老师的几件事。大家能不能回忆出是哪几件事？

生：帮助"我"学会了很多单词。

生：帮助"我"搞懂了"杯"和"水"的不同。

生：使"我"第一次产生了悔恨之情。

师：这些事情都和莎莉文老师有关，而且每件事都是她帮助"我"、教育"我"的具体表现。所以，作者选择的这些事，就可以说是典型事件，能凸显人物的特点。

（板书：典型事件凸显特点）

师：最后，我们请一位同学给大家总结一下这节课上大家一起讨论出来的写人方法。

生：每个人都是不一样的，一定要突出这个人的个性特点。可以抓住人物的外貌、神态、动作中最明显、最突出的地方来写。还要把人物放在具体的事件中。事件就像一幅画的大背景，人物只有在这个大背景中活动，才能彰显个性。

师：谢谢你的精彩总结。希望同学们在今后的写作中，多运用这些方法。今天回去，请继续修改自己的作文，让你笔下的人物独具个性。下课！

点评

"写人要抓住接点"是人教版七年级语文上册第三单元内容。这位老师立足于学生的写作实际，从学生原有的写作起点开始教，使得这节课能够有的放矢，保证了课堂教学的效果。写作是运用语言文字认识世界、认识自我、认识别人的重要方式。怎样写出人物的特点呢？对于七年级学生而言，就是要写出认识别人的过程。怎样把这种过程写出来呢？这位老师循循善诱，通过一步步的写作技法的引导，给学生铺设写作的台阶，慢慢引导学生进入写作的佳境。每个人都是世界上独一无二的"这一个"，怎样抓住"这一个"来写是写作的关键。该教师第一步就是引导学生写好这个特点，并且提供了具体的写作策略，如抓住人物特有的动作，抓住人物特有的神态等，这就等于给予学生一个写作的支架。顺着这个支架，学生能够比较容易完成写作任务。

仅仅有外貌描写还不足以写活人物，写活人物更要写出人物的精神和内心情感。在这节写作课的第二个环节中，教师引导学生通过事件表现人物的特点。俗话说"观人千面，不如观事一件"，这个环节，教师主要引导学生写出人物精神层面的特点，并且以名篇名段作为示例，让学生学有所依。对于七年级学生而言"照葫芦画瓢"的学习方法仍是有效的。

这节课还有一个特点，就是"在写作过程中教写作"，通过修改环节，验证课堂教学效果。写作是实践性很强的课，只有在写作实践中指导学生，学生才能对写作有所感触。

写作是一种特殊的心理活动过程。对于人物描写，不仅仅是技术性的指导，还要融入写作者对这个人物的情感，只有动情，才能把人物写形象，写生动，这是这节课要努力的方向。

第六章 语文评课技能实训

【实训一】 小说评课实训

一、内容

《鲁滨逊漂流记（节选）》课堂教学片段实录[①]

◆研读感悟，咀嚼文字——品读困难中的成长（教学重点）

师：是的，身处"绝望岛"，要想生存，要想活下来，不知会遇到多少困难！他的心态又会发生怎样的变化呢？下面请同学们默读梗概，画出有关句子，进行精练的批注。完成学习卡后小组交流。

鲁滨逊遇到的困难	鲁滨逊的心态	鲁滨逊是个怎样的人

（生边细读，边勾画批注。老师巡视指导，相机与学生探讨。学生自主学习后在小组内交流。）

[①] 该课堂教学片段实录来自：成都市花园（国际）小学刘欢欢。

师：鲁滨逊克服了哪些困难？他的心态怎样？

第一组，生1：我们组认为鲁滨逊首先遇到的困难是没有食物，也没有地方住。

师：文中是怎么叙述他找食物的过程的呢？

生2：文中写到"他每天要么拿着枪……终于吃到了自己种的粮食。"

师：请概括一下他寻找食物的过程。

第二组，生3：面对没有食物的困难，鲁滨逊想了三个办法来解决。一是打猎，捕鱼；二是把捕到的活山羊畜养起来，就有了羊群，可以喝羊奶、吃羊肉；三是反复种收，有了粮食。

师：食物有了，那他住在哪里呢？

生4：当没有地方住的时候，鲁滨逊赶忙搭起了帐篷。

生5：书上写了"鲁滨逊走遍荒岛""用木头和船舰搭起了一座简陋的帐篷。"

师：是的。文章写出了他搭帐篷的具体过程。你们觉得此时鲁滨逊的心态怎样？

生6：我觉得他的心情应该是非常忐忑不安的、恐惧的。

生7：我觉得鲁滨逊此刻应该是非常害怕的，但是又必须想办法活下去。

师：是的，最开始刚刚登上荒岛，他惶恐不安。还有哪些困难呢？

生8：我们组认为他的安全受到了威胁，这也是一个困难。

生9：对，我来补充，鲁滨逊担心野人会来吃掉他，就在住所前的空地上插上树枝，又将羊群分在几个地方圈养。

生10：鲁滨逊一个人在荒岛上，肯定很孤独。他打死野人，救下了"星期五"。后来"星期五"成了他的好帮手，他们愉快地生活在岛上，扩大了粮食种植面积，又增加了几个羊圈，晒了很多葡萄干。

师：要想在这荒无人烟的孤岛上生存，并且一住就是二十多年，这二十多年来，怎么可能只遇到这点困难！你们设身处地地想一想，还会遇到些什么困难？

生11：冰封雪冻，没有衣服穿。

生12：天灾降临，把羊群、庄稼都毁了。

生13：生病了怎么办？又没药又没医生。

师：是啊，有太多的困难要面对，要战胜。我手里就有一篇日记，是鲁滨逊在荒岛上写的。听听："这一天，我病得厉害，浑身像散了架。我初来绝望岛的时候，一心只想着上天来拯救我，现在看来，能够拯救我的也只有我自己了。我会努力做到这一点，我会的，一定会的。于是，我强忍着，用湿布敷我的头，稍微好受些。这一天终于熬了过去。"这些困难都是常人难以想象的，这关系到他的生死存亡，要在这样恶劣的环境中生存下去，而且生存28年，需要怎样的意志和创造力啊！这简直就是一个生命的奇迹！

师：随着住宿问题、食物问题的解决，你认为鲁滨逊有什么变化？

生14：我们组认为此时的鲁滨逊已经由起初的恐惧变得坚强了。

生15：我觉得鲁滨逊是勇敢的、聪明的，他从一开始的害怕、担心，到在应对困难时变得得心应手。

师：由最初的恐惧不安到现在的勇敢坚强，鲁滨逊确实很了不起，请你送一个词给鲁滨逊，送一句话给鲁滨逊。

生16：鲁滨逊，你勇敢无畏，你太伟大了。

师：好一个勇敢无畏（递给生16一支粉笔），请把这个词写在黑板上。

生17：我觉得鲁滨逊很聪明，很能干。

师：是的，他聪明，他能干。（递给生17一支粉笔，示意其把词语板书在黑板上）

生18：鲁滨逊不但有生存的勇气，还会以百折不挠的毅力去改善生存环境。

生19：他克服了种种困难，强忍着病痛与孤寂。活得主动，活出了人的尊严！

师：是啊，他一步步克服了各项困难，请同学们拿起书来，我们齐读课文最后两个自然段。

（生齐读课文最后两个自然段）

赏析：此环节指导学生结合文本，带着问题自主学习，并且进行批注阅读，然后组内交流。在集体交流时以小组形式汇报补充，使学生在交流中完善理解，学会合作。教师在重点处、关键处相机点拨指导，激起学生思维火花的相互碰撞，接下来的送一个词、一句话给鲁滨逊就变得水到渠成，加深并内化了学生的认识和感悟。

二、提示

（1）该课文选自人教版六年级语文下册。

（2）《义务教育语文课程标准（2022版）》的相关规定：

课堂教学评价是过程性评价的主渠道。教师应树立"教—学—评"一体化的意识，科学选择评价方式，合理使用评价工具，妥善运用评价语言，注重鼓励学生，激发学习积极性。

在小组合作、汇报展示过程中，教师应提前设计评价量表、告知评价标准，引导学生合理使用评价工具，形成评价结果；要注意观察小组成员的分工方式、讨论程序和对不同意见的处理，关注学生在发言和倾听发言时的规则意识和交际修养，借助评价引导学生反思学习过程。组织学生互相评价时，教师要对同伴评价进行再评价，提出指导意见，引导学生内化评价标准、把握评价尺度，在评价中学会评价。

课堂互动中，教师要关注学生知识基础、认知过程、思维方式、态度情感等方面的表现，深入分析这些表现及其影响因素，及时给予有针对性的指导。

任务：请根据上述提示，撰写一篇评课稿。

【实训二】 诗歌评课实训

一、内容

《大堰河——我的保姆》课堂教学片段实录[①]

师：《大堰河——我的保姆》是一首叙事性很强的抒情诗，以第4节为例，将此节生活场景以小说形式简单呈现（呈现PPT）：你搭好灶火，拍去围裙上的炭灰，尝到饭已煮熟了，把乌黑的酱碗放到乌黑的桌子上，补好了儿子们被山腰的荆棘扯破的衣服，把小儿被柴刀砍伤了的手包好，把夫儿们的衬衣上的虱子一颗颗地掐死，拿起了今天的第一颗鸡蛋，之后，你用你厚大的手掌把我抱在怀里，抚摸我。

师：改写后的这段文字表达上有什么特点？
生：没有一定的逻辑。
生：这段文字虽是生活画面的再现，但是缺少完整的故事情节。
生：是零碎的，瞬间印象式的，跳跃的。
生：很平白，缺少情感。
师：很有道理，我们一起读读原诗，比一比，看原诗这段文字的特点怎样？

---

① 该课堂教学片段出自试卷《2020年下半年中小学教师资格考试语文学科知识与教学能力试题（高级中学）》。

（师生齐读第4节）

生：原诗用"在……后"的句式来概括，形式整齐。

生：节奏感强，原来零碎的细节随着节奏有规律地出现了。

生：有着强烈的抒情性，也具有了诗的意味。

师：非常好！叙事，在这里被诗意化了，这首诗的诗意化除了体现在叙事上，还体现在人称变化上。请大家具体谈谈。

生：有的整节用"你"，有的整节用"她"，有的整节用"我"。

师：看出一点眉目了，大堰河与"我"两个焦点人物，以"你""她""我"的人称变化，在诗行中交替出现，你中有我，我中有你，形成呼告。下面请两位同学分别朗读第9、12节，体会这种形式与呼应，大家注意形式的背后有怎样的情感表达？（呈现PPT）

……

你用你厚大的手掌把我抱在怀里，抚摸我；

……

我被生我的父母领回到自己的家里。

啊，大堰河，你为什么要哭？

……

在她流尽了她的乳液之后，

她就开始用抱过我的两臂劳动了；

她含着笑，洗着我们的衣服，

……

大堰河曾做了一个不能对人说的梦：

在梦里，她吃着她的乳儿的婚酒，

……

她死时，轻轻地呼着她的乳儿的名字，

……

师：这是提取后表现大堰河对"我"的情感的关键诗句。大堰河情感表达方式的特点是什么？

生：不轻易说出来。

生：压制、隐忍。

生：试图掩藏，不能说出，欲说还休。

（呈现PPT）

大堰河，是我的保姆。

……

大堰河，今天我看到雪使我想起了你：

……

大堰河，含泪地去了！

……

大堰河，今天，你的乳儿是在狱里，

写着一首呈给你的赞美诗，

……

大堰河，

我敬你

爱你！

师：这是提取后，表现"我"对大堰河情感的主要诗句，比起大堰河对"我"的情感，这份情感表现特点又如何？

生：坦诚地表白，直接地喷发。

师：这两种情感的表达一隐一显，一敛一放，一呼一应，相互交织，相互映衬，自然流淌，既与外在形式结构照应，又与母子内心彼此依赖、难舍难分吻合。形式是表现情感的需要。形式感的背后是情感自然流露的结果。这何尝不是一种诗意化的表现？

二、提示

（1）该课文选自人教版高中语文选择性必修下册。

（2）《普通高中语文课程标准（2017年版2020修订）》的相关规定：

选择性必修的评价应该更关注学生语文学习内容"面"的广度。评价重点包括：语言积累、梳理与迁移运用能力；在独立研习古今中外经典作品过程中阐释文本阅读体验的能力；语言实践中的逻辑推理能力和实证意识，以及运用科学思想方法解决实际问题的能力；古代文化遗产的辨别，中外文化要义的理解，以及对科技文化的理解与反思等。

任务：请根据上述提示，撰写一篇评课稿。

【实训三】 散文评课实训

一、内容

《荷塘月色》课堂教学片段实录①

（一）导入新课

荷花，历来为文人雅士所钟爱。杨万里"接天莲叶无穷碧，映日荷花别样红"写出了荷花的艳丽色彩，"小荷才露尖尖角，早有蜻蜓立上头"写出了荷花的动态之美，而周郭颐看到了它"出淤泥而不染，濯清涟而不妖"的高洁品格！面对这样的景色，朱自清又是如何抒写心中情怀、流露内心情绪的呢？他又是如何皎荷与月相融合的呢？今天这节课我们就一起来看看朱自清先生笔下的《荷塘月色》。

（二）文本研讨

1．诵读、鉴赏第4段

师：作者主要从哪些方面来描写月下荷塘的？

生：荷叶、荷花、荷香、荷波、荷水。

师：找出描绘这月下荷塘美景的句子，并说说运用了哪些修辞手法。

生1："叶子出水很高，像亭亭的舞女的裙"运用比喻手法。

师：这样的比喻手法有什么好处？

生1：写出荷叶的风姿，由"出水很高"联想到"亭亭的舞女的裙"，两者不仅相似，而且写出其动态美。

师：作者又是如何描绘荷花的？

生2："层层的叶子中间……又如刚出浴的美人"运用拟人、比喻的手法。

师：这样用有什么好处？

生2："袅娜"写出荷花饱满盛开，"羞涩"写出荷花含苞待放。这两个词本是用来描写女子娇美姿态、羞涩神情的，现在用来写荷花，赋予物以生命力和感情，这是拟

---

① 该课堂教学片段实录来自：四川省三台中学校陈婷婷。

人写法。用博喻写出了月光下荷花的各种姿态，形象生动。

师：荷香又是什么样的呢？

生3："微风过处，送来缕缕清香，仿佛远处高楼上渺茫的歌声似的。"

师：这里面作者运用了什么修辞手法？

生3：比喻。

师：既然是比喻，我们不妨用比喻的手法找找本句的本体、喻体。

生3：把"清香"比喻成远处的"歌声"。

师：大家有没有发现一个问题，比喻都是有相似之处，那么这个"比喻"有形似之处吗？

生：没有。

师：那么这还是比喻吗？

（生答"是"或"不是"的皆有）

师：其实不是。这是我们今天将要学习的一个新的修辞手法——通感。其实这个修辞手法也不陌生，我们在学《应和》时就给大家讲过了。那什么是通感呢？（通感：一种感觉引起另一种或几种感觉的心理现象，描写这种心理现象的方法叫通感修辞。）

师：那咱们再看这句话，"缕缕清香"和"渺茫的歌声"是把哪两种感觉给连通起来了？

生：嗅觉和听觉。

师：很好，也就是把清香这种感觉转化为了歌声。那又有什么相似之处呢？

（生各抒己见）

师：同学们真是"仁者见仁，智者见智"，那么"缕缕"和"渺茫"给我们一种什么感觉呢？

生：断断续续。

生：不连贯。

师：对，同学们回答得很好。"缕缕清香""渺茫的歌声"都给人以时断时续、若有若无、清淡飘渺、沁人心脾之感，其间感觉的转移伴随想象的跳跃"清香"与"歌声"同属美好的事物。

师：运用通感有什么好处？

生：给我们一种意境。

师：什么意境？

生：……

师：运用通感手法，可以启发读者更加广阔深远的想象和联想，让读者从各自的生活经历和文化素养出发，去领会作品的思想内容和艺术境界。在这句话中就是指不但有了嗅觉的感官体验，也给了我们听觉的感官体验，扩大了感官的感受范围。

师：荷波又是什么样的呢？

生4："叶子与花也有一丝的颤动……这便宛然有了一道凝碧的波痕"，运用了拟人的手法。

师：荷水呢？

生5："叶子底下是脉脉的流水，遮住了，不能见一些颜色；而叶子却更见风致了"，运用了拟人的修辞手法。

（师生共同小结本段写景重点）

师：我们已经了解了月下荷塘景色，下面我让一位同学用自己的话来总结本段，并用运用什么修辞手法，通过对什么的描写，描绘了一幅什么画面，表现了什么的格式来回答问题。

生：本段运用比喻、拟人、通感等手法，通过荷波、荷水的动态描写和荷叶、荷花、荷香的静态描写，描绘了月下荷塘的美景，这些手法令人浮想联翩。

师：大家有没有发现，更绝的是，全段作者没有提及月光，但不论是静止画面还是动态景象，处处都存在着淡淡的月光，这月色就融化在作者的具体描写中。简单地说，不着一个"月"字却处处有月。

师：月下荷塘有如此美景，荷塘上的月色又是什么样的呢？我们接着来学习第五段。

2. 诵读鉴赏第5段（仿照第4段的鉴赏方法，引导学生自己分析）

师：我们先来齐读第5段。

师：本段写荷塘上的月色，月色本是难写之景，作者借哪些景物，写出荷塘上月色的特点？

生：借叶、花、树，写出了月色朦胧飘渺的特点。

师：月色本是难状之景，作者用了哪些生动传神的动词，描绘出了可感的月光形象？

生："泻""浮""洗""画"。

师：这些词语可否替换？

生：冲。

生：浮。

生：照。

生：飘。

生：……

师：大家比较一下，你用的这些动词和作者用的相比哪个好？

生：原文好。

师：为什么呢?.

生：缺乏意境。表现不出这种景色之美。

师：不错，泻——既照应了以流水喻月光，又写出了月辉照耀、一泻无余的景象，使月光有了动感。

浮——写深夜水气由下而上轻轻升腾，慢慢扩散、弥漫，以动景写静景，描绘月光下荷花、荷花那种缥缈轻柔的姿容。

洗——写"叶子和花"在月光映照下呈现出的一种鲜艳欲滴的状态。

画——有"人为"动作含于其中，仿佛有无形的手在展纸描绘"倩影"，写出了投在荷叶上的月影之真、之美。

其他词语都太单调了，没有了动感之美。

师：我们再请一位同学对本段作下小结。谁愿意？

生：本段作者用几个传神的动词，从不同角度写出淡月辉映下荷塘里雾光叶色、水气交相杂糅而形成的朦胧景象，使难状之景如在眼前。

师：这位同学总结得很好。同学们，讲到这里你们有没有发现，这两段描绘的全是景色，那有没有体现作者的情感呢？

生：没有。

师：那作者为什么描绘这些景色呢，难道就是为了表现清华园荷花塘景色的优美、静谧吗？

生：……

师：所以，作者不可能单是表现景色吧？王国维先生在《人间词话》中说，"一切景语皆情语"，大家想一下作者为什么来到荷塘？

生：心里颇不宁静。

师：没错，作者因为心里颇不宁静，所以想来荷塘寻宁静，那作者为什么会不宁静呢？

生1：他迷茫。

生2：惶惑。

师：没错，那为什么会出现这样的情绪呢？大家还记得课文的创作背景吗？

生：记得，《荷塘月色》作于1927年7月，正值大革命失败，中国处于一片黑暗之中。在此之前，朱自清作为"大时代中一名小卒"，一直在呐喊和斗争，但是在"四一二"反革命政变之后，却从斗争的"十字街头"，钻进古典文学的"象牙之塔"。作者做不到投笔从戎，拿起枪来革命，却又始终平息不了对社会现实产生的不满与憎恶，作者对生活感到惶惑矛盾，内心是抑郁的，是始终无法平静的。

师：同学们回答得很好。在这样的现实状况下，作者无助，寻不到出路，非常迷茫，陷入一片矛盾之中，那么作者来到荷花塘是不是为了逃避现实呢？现在请大家看多媒体，讨论以下问题：

陶渊明"采菊东篱下"，归隐南山，我们称赞其淡泊明志、不慕名利，那么对于朱自清先生"逃避"现实，去荷塘欲寻片刻安宁的表现，我们大家是如何看待的？

生1：是一种逃避现实的表现，因为内心无法排遣，想寻得片刻的安宁。

生2：不是逃避现实，作者陷入矛盾，去荷塘并非为了逃避现实，他心怀祖国，关心着国家命运的走向，是心系祖国的一种表现。

师：两位同学都说得很有道理，但第二位同学说得较全面，也更深刻一些。深受"五四"精神影响的朱自清，不可能完全超脱，在他学者外表之下隐藏的是一颗斗士之心，怎么会脱离现实，做一个隐士呢？

师：同学们，我们重新回顾一下课文，作者通过描写月下荷塘和荷塘上的月色来给我们展现了一幅优美的荷塘月色之景，给我们营造出幽静、朦胧的氛围，那么大家想一下，作者除了运用了修辞手法来包装《荷塘月色》，还通过什么样的表现手法来展现这样一幅美景？

生：侧面描写、正面描写。

生：虚实结合。

生：以动写静、以动衬静。

师：没错，同学们回答得很好。由于作者心里颇不宁静，来到荷花塘是想寻得片刻宁静，所以作者运用以动写静的手法描绘月下荷塘，用以动衬静的手法描绘荷塘上的月色，给我们展现一幅荷塘月色的美景。

二、提示

（1）该课文选自人教版高中语文必修上册。

（2）《普通高中语文课程标准（2017年版 2020修订）》的相关规定：

必修课程评价应立足于共同基础，考查学生在不同学习情境和实践活动中学习和运用语言文字的基本能力。重点考查学生语文学习过程中的体验和感受、学习策略，以及梳理、探究能力，尤其是基于社会情境的阅读、表达与交流的能力，读写活动中的思维表现以及不同体裁文学作品的审美感知、评价欣赏、独立创作情况；还要考查对多样文化的理解，对当代文化现象的关注和评析，以及对未来文化发展的思考和展望等。

任务：请根据上述提示，撰写一篇评课稿。

【实训四】 戏剧评课实训

一、内容

《枣儿》课堂教学片段实录①

（一）导入

师：同学们，今天我们一起来欣赏一个独幕话剧小品——《枣儿》。之前请大家提前预习了课文，请问有没有同学能主动跟我们说一说独幕剧是什么？

生：只有一幕的戏剧，通常只有一个场景。

师：是的。独幕剧是戏剧的一种类别，是剧情在一幕之内完成的小型戏剧，与多幕剧对应。独幕剧通常只有一个场景，也可以有两个以上的场景，篇幅较短，人物较少，情节线索单纯，从一个生活侧面反映社会矛盾，构成一个独立完整的戏剧故事。由于剧情受到严格的时间场景的限制，独幕剧一般情节单纯，结构非常紧凑，矛盾冲突展开比较迅速，形成高潮，戛然而止。

师：接下来我们来了解一下今天我们要欣赏的这部独幕剧的作者。（出示PPT）

生（齐读）：孙鸿，靖江戏剧小品作家。《枣儿》发表于《剧本》1999年第1期，获"1999中国曹禺戏剧奖——小品小戏奖"一等奖，并囊括优秀编剧奖、优秀导演奖、优秀演员奖。

---

① 该课堂教学片段实录来自：西昌宁远学校马倩。

师：一个获得这么多奖项的小品一定非常精彩，相信同学们已经迫不及待地想要一读为快了。不过，老师还想请同学们等待一下，先欣赏一首童谣。（出示PPT）

枣儿甜，枣儿香，
要吃枣儿喊爹娘；
爹娘给个竹竿竿，
打下枣儿一片片，
爹不吃，娘不吃，
留给娃娃过年吃。

师：同学们，你从童谣中读出了什么？

生：爹娘把枣儿省给孩子吃。

生：爹娘对孩子的疼爱。

师：小小的一个个枣儿中蕴藏着亲情。那么现在请大家打开书本，找一找这首童谣分别出现在哪儿？

生：开头、结尾。

师：为什么要出现两次，这两次的出现有没有什么区别？

生：开头是幕后，结尾是舞台上男孩在喊。

师：是的，你读得非常仔细。而且，我们还发现在童谣之前还有一些文字，这是——

生：舞台说明。

师：舞台说明的作用是——

生：交代时间、地点、故事发生的背景等。

师：舞台说明，又叫舞台提示，是剧本语言不可缺少的一部分，是剧本里的一些说明性文字。舞台说明包括剧中人物表、剧情发生的时间、地点、服装、道具、布景以及人物的表情、动作、上下场等。这些说明对刻画人物性格和推动、展开戏剧情节发展有一定的作用。所以，剧本开头的舞台说明告诉我们哪些信息？

生：告诉我们这篇剧本讲述的故事发生在西北。"树下坐着位形如雕塑的老人"说明这位老人非常孤独。

师：非常好！你还能结合我们以前学过的知识来分析人物了！接下来，我们就可以好好来欣赏这部剧了！请同学们同桌分角色对剧本。（先浏览剧本，再确认角色，然后用个性化的语言朗读）

（二）整体感知

师：读完剧本，同学们能概括出主要讲了一件什么事吗？可以使用"谁在什么地方干什么事"的句式来概括。

生：老人和男孩在枣树下吃枣聊天。

生：老人给男孩讲故事（讲的什么故事？）讲有关枣儿的故事。

师：能具体说说是哪些有关枣儿的故事吗？

生：枣儿名字的由来，枣儿掉下来砸到钢盔上吓跑鬼子的故事。

师：还有吗？

生：儿子摘枣的时候尿在老人脖子上，在枣树下底下撒尿。

生：自己小时候偷枣子，囫囵吞枣，后来方便的地方长出一棵枣树来。

师：有关枣儿的故事看来真不少啊。那我们提取出来的故事中的枣儿都一样吗？

生：不一样。枣儿既指长在树上的可以吃的枣儿，也指老人的儿子枣儿叔叔。

师：这叫——

生：一语双关。

师：回答得真棒！除此之外呢？老人和男孩在枣树下到底干什么？

生：盼望儿子回家。

师：是的，他们都在盼望亲人回家。老人盼望儿子，男孩盼望父亲。他们满怀亲情，呼唤各自的亲人回归故乡，回到自己身边，来吃这家乡的"枣儿"。

（三）走近人物

师：剧本中出现在舞台上的人物就只有老人和男孩，那么这两个人到底是什么样的呢？

（PPT上展示问题：你觉得剧中的老人和男孩分别是一个怎样的人？找出相关情节或语言探讨一下。根据刚才大家读的剧本，以两人为一小组找一两段对话展示一下，并讨论分析你所读的人物具有怎样的性格特征？）

生：我们读114页老人让男孩骑在他的脖子上摘枣的段落。

师：好的，具体从——

生："嘿嘿嘿"到"我也要尿尿了"。

师：老师来帮你们读舞台说明，让朗读更有情境感。准备好了吗？（朗读）

师：他们俩读得怎么样？

生：我觉得老人说"脏啥"那句应该再读得上扬些，得意些。

师：为什么呢？

生：因为这句话表现了老人对他的儿子非常疼爱，并引以为荣。也表达了老人对他儿子的思念。

师：说得好！请你把这句话读一读，读出这种感觉来。

师：那么男孩呢？

生：男孩说"我从来没有尿过我爹脖子上"，这句话用羡慕的口吻说，也体现男孩对父亲的思念。

师：好的，还有哪组同学来表演一下。

生：我们读117页的开头到结尾。

师：读得还不少！要老师帮忙吗？

生：这一部分我感觉男孩好像一瞬间长大了。

师：从哪儿看出来的？

生："爹不会回来了。"前面他说他要等爹回来，把枣儿留给爹吃，其实他心里知道他爹在城里有新家了，是不会回来的。只是他心里幻想他爹会回家，但是这里他的幻想破灭了。

师：说得非常到位！这就是戏剧中的矛盾冲突，我们常说"没有矛盾冲突就没有戏剧"，这出话剧中的矛盾冲突可以归结为走与留、等待与不归之间的矛盾。至此，戏剧也达到了高潮。

师：我们来归纳概括一下老人和男孩的形象。

生：老人很亲切，疼爱男孩，给他吃枣，讲故事。

生：老人喜欢回忆过去的事。

师：我们可以说他——怀旧，坚守家园。从剧中老人的儿子、男孩的父亲远离家乡，生活在城市里，其实我们能够联想起两个名词，老人和男孩就是——空巢老人、留守儿童。这样，老人的形象是不是更明确了？

（PPT总结：剧中的老人首先是老一辈的农民形象：他一生劳作，不离乡土，如今老迈，儿子离乡外出，他继续留守家园。其次他是具有更普遍意义的老一代的长者形象：他满怀亲情，富有爱心，关爱已成年的下一代，又疼爱尚年幼的新一代；作为过来人，他怀旧而又传统，面对生活的变化不失爱心、不失希望而又有所失落。）

师：男孩呢？

生：男孩天真、调皮，从出场的动作可以看出，"蹑手蹑脚"。

生：他懂事，给父亲留枣儿。

（PPT总结：男孩是年幼的新生一代的形象：他思念父亲，喜爱心疼自己的老人，好奇而懂事，在他身上处处表现了儿童纯真可爱的天性。）

师：另外，剧中没出现的人物又是怎样的形象呢？

生：老人的儿子离开故乡，不管自己的父亲，不孝顺。

师：确实有些不孝，但是他外出闯荡只是因为不愿赡养自己的父亲吗？

生：他出门挣钱去了。

师：是的，在经济大潮之下，农村落后的传统经济已经满足不了年轻人的物质需求，所以他们走向了城市，走向了经济发达的地区……这种做法不能一概而论地认为是对的或者是错的。老人的儿子，不再像老一辈那样，终身不离乡土，而是远离故乡和亲人，闯荡于外面的世界；男孩的父亲，离开乡村而定居于城里，抛弃了旧家而另成新家。这两个人物从不同的侧面反映了社会的变化。

师："枣儿"在剧中起什么作用？

生：一语双关。

生：枣儿是线索。

生：枣儿象征亲情。

（PPT总结："枣儿"是亲情的象征，是故乡的象征，也是传统生活的象征和精神家园的象征。）

师：剧中有不少富有象征意味的台词，以下台词中加横线的句子都有很强的象征意味，试做分析。（PPT展示）

生：巧克力是现代生活的象征。

师：说得好！"巧克力"具有与"枣儿"相对的文化意义和社会内涵。走出去的人们，往往迷恋于外面的世界，忘记了回家的路，但他们最终会回来的，喧嚣之后是平静，躁动之后是安宁。

师：文中还有不少这样的语句，找一找，品一品。

生：116页"慢慢吃才能吃出个甜味"，我觉得这句话很有哲理，有很多东西历久弥新之后才有味道。

师：你找得很妙！"慢慢吃才能吃出个甜味"，这不仅是对吃枣而言，也不是对一般生活哲理的泛指，其中隐含的是对既往岁月、对传统生活、对精神家园的感情。大家一起来读一读，慢慢品味。

生：115页中间部分"甜是甜，不中看，谁要啊"这句话，老人把自己比成了熟枣儿，说自己老了，儿子不要他了。

师：是的，这句话也具有象征意味，老人内心呼喊儿子，因儿子没有回应而伤心；老人年老，被儿子遗忘，透露出一种深深的失落感。

师：剧本巧妙地运用象征手法，赋予了"枣儿"丰富而深刻的社会内涵，使全剧具有了深厚的思想内蕴。请大家谈谈对作品主题的认识。

生：剧本表现了感人至深的亲情。

生：表现了老人孩子留守家乡的农村现状。

生：剧本表现了社会变革时期传统的失落，精神家园的失落。

生：剧本反映了当今社会家庭关系的变化，反映了人们对亲情的呼唤和对归属感的追寻。

师：优秀的剧本，其主题思想往往是多义的，给读者留下充分的想象空间。供人思考，令人遐想，让读者的想象尽情飞扬。

（四）课堂小结

师：舞台小天地，天地大舞台。戏剧是生活的镜子，是浓缩的人生。欣赏戏剧和影视剧，可以使我们见识人生百态，品尝生活百味。《枣儿》就以一颗普通的小小枣儿向我们展示了一个广阔的生活背景，让我们认识了百味人生，了解了生活的复杂。我们要学会欣赏戏剧，欣赏文学剧本。

二、提示

（1）该课文选自人教版九年级语文下册。

（2）《义务教育语文课程标准（2022版）》的相关规定：

过程性评价应综合运用多种评价方法，增强评价的科学性、整体性。可通过课堂观察、对话交流、小组分享、学习反思等方式，收集和整理学生语文学习的过程性表现，如学生日常写字、读书、习作、讨论、汇报展示、朗读背诵、课本剧表演等方面的材料，记录学生核心素养发展的典型表现；了解学生的学习态度和个性特点，考察其内在学习品质的发展。

任务：请根据上述提示，撰写一篇评课稿。

【实训五】 文言文评课实训

一、内容

《苏武传》课堂教学片段实录[①]

师：上课，同学们好！

生：老师好！

师：请坐！今天我们继续学习《苏武传》，通过课文的学习，我们知道苏武在匈奴生活了十九年，在这十九年里，苏武大部分的时间生活在北海。苏武的事迹被改编成了故事，改编成了歌曲，改编成了影视作品。下面我们首先欣赏一段历史剧《大漠苏武》。（播放幻灯片，同时播放历史剧《大漠苏武（片段）》）在演员动情的演绎中，我们走近了苏武，感受到了苏武伟大的人格和精神魅力。

下面我们继续学习《苏武传》，请同学们根据上节课小组合作讨论的内容，回答老师的问题，从而把握苏武的形象。

师：苏武作为一个和平的使者，来到匈奴，却赶上了一次情节严重的谋反事件。这件事是什么呢？（生答）缑王参与劫持单于母亲阏氏，副使张胜稀里糊涂地参与其中。面对突变，苏武怎么解决？请第一组同学展示讨论结果。

生1：苏武得知后，要自杀，他说："事如此，此必及我。见犯乃死，重负国。"他的话中"重负国"三个字涵义很深，不能预先发现和劝阻张胜所干的错事，一负国；马上要受到敌国的审讯，给国家丢脸，二负国。

师：既然不能制止副使，那苏武是怎么说、怎么做的？请第二小组来谈谈。

生2：在卫律开庭审讯的场合，苏武对常惠说："屈节辱命，虽生，何面目以归汉？"苏武简单的三句话，十二个字，我们读出的含义有：一是表白自己没有参与匈奴的谋反事件，而且也不赞成有人这样做；二是表明汉朝廷没有指使他们这样做；三是教育副使张胜不要贪生怕死。从这简洁的语言中，可以看出苏武是一个刚烈难犯、义不受辱的人。

[①] 该课堂教学片段实录来自：重庆市字水中学校刘丽丽。

师：很好！这段文章语言非常简洁，苏武的形象却十分鲜明。这也体现了汉语言文字的魅力，在世界各国纷纷掀起学习汉文化高潮的时期，作为中华民族的儿女，我们没有理由不学好祖国的文化。

师：面对苏武的自杀行为，单于又是怎么做的？请第三小组来分享。

生3："壮其节，朝夕遣人候问武，而收系张胜。"

师：可见，对英雄，人人敬仰；对叛徒——

生3：人人憎恶。

师：对苏武这样一个大英雄，单于是不甘心让他自杀的。为此，他想尽办法劝苏武投降，单于都派了谁来劝降，结果怎样？我们来看第四组同学讨论的结果。

生4：通过二人的对话，我们看出了卫律的劝降分三点：首先是威吓，先将虞常斩首，企图吓到苏武，但苏武不为所动。威吓不成，接着是利诱。卫律告诉苏武投降后会有享受不尽的荣华富贵，但被苏武拒绝了。

师：苏武不怕威胁，不要荣华富贵，用孟子的话说，这真是一个"富贵不能淫，威武不能屈"的大丈夫呀！那卫律是什么人？苏武愿意和这样的人为伍吗？

生4：结合注释可以知道，卫律本是生活在汉的匈奴人，作为汉使出使匈奴时叛变。卫律这样一个傲慢自大、阴险狡诈、卖国求荣的小人，苏武是不可能被劝动的。

师：卫律劝降不成，单于又怎么做呢？请第五组的同学来试试。

生5：又派李陵来劝降。我来分析一下李陵的劝降。通过读文章，可看出：李陵和苏武都是汉人，都曾在汉朝做过"侍中"，而且，李陵是汉代名将李广的孙子，二者有很大的相似之处。所以，李陵一上来"终不得归汉，空自苦亡人之地，信义安所见乎？"（学生深情地朗读），把对苏武的关切之情表达了出来。接着，李陵又向苏武汇报了家里的情况：兄长和弟弟被汉武帝逼死，挑拨苏武与汉帝之间的感情；把苏武母亲去世、妻子改嫁的消息告诉他，又诡称苏武在汉朝的娣和孩子"存亡不可知"，看似是作为故友的关切，实际上是断绝他对妻儿家室的思念之情，目的还是劝降。第三点：李陵说汉武帝"法令亡常""大臣亡罪夷灭者数十家"，即使活着回去，也"安危不可知"。但苏武仍不为所动。

师：我们一起来读苏武的回答："武父子亡功德，皆为陛下所成就，位列将，爵通侯……愿勿复再言！"在苏武的心中，谁最大？

生（响亮回答）：国家！

师：是呀！没有国，怎有家，怎有个人的成就？苏武无论处于什么境地，他的心中都不忘记国家,这实在是我们学习的楷模啊!

师:在李陵的劝降中,有这样一句话:"人生如朝露,何久自苦如此?"是呀,谁不愿意享受荣华富贵?谁不愿意亲人团聚?可是,为了国家,为了证明自己的清白,什么能够摧毁苏武?苏武在匈奴十九年,过的是什么样的日子?下面我们请第六组同学来展示。

生6:"乃幽置武大窖中,绝不饮食。天雨雪,武卧啮雪,与旃毛并咽之。""乃徙武北海上无人处……廪食不至,掘野鼠去草实而食之。"

师:单于劝苏武投降不成,就开始折磨他。他的做法就是"幽""徙",即幽禁和流放。我们想象一下苏武曾经生活过的环境:地窖什么样?

生6:阴暗潮湿,氧气少,呼吸不畅。

师:在这里苏武要吃什么,喝什么?

生:天下了雪,喝点儿雪水。只能就着雪水吞毡毛。

师:谁和苏武作伴呢?

生(全体):没有人。

师:后来苏武被流放到了北海,就是今天的贝加尔湖一带,这里是什么样的?

(学生七嘴八舌作答)

生1:广袤无垠。

生2:冰天雪地。

生3:荒无人烟。

生4:寸草不生。

……

师:有吃的没有?

生:文中写到"廪食不至"。

师:那么苏武吃什么?

生:"掘野鼠去草实而食之"。就是掘野鼠、收草实。

师:这样的东西我们能吃下去吗?

生(全体):不能。

师:可见,苏武面临的不仅仅是缺衣少食,不单单是吃不饱喝不好,最重要的是要忍受孤独寂寞。可以说,能摧残人的,最可怕的就是孤独寂寞。是什么支撑着他呢?

生:文中写到,在这样的环境中苏武"杖汉节牧羊,卧起操持,节旄尽落"。可见,强烈的爱国心是苏武战胜困难的力量源泉。

师：苏武真不愧是一位优秀的汉使，他出使不辱使命，吃尽了苦头，让我们夸夸他吧！

（学生争先恐后作答）

生1：十九年的艰难困苦，没有使他倒下，他手中擎着汉节，在那远方伫立；十九年的威逼利诱，没有使他屈服，他手中擎着汉节，不忘那心中的祖国；十九年的孤独寂寞、远离祖国也没有让他忘却那远方的祖国。

生2：苏武——一个不为富贵所动的铁血男儿，当卫律马畜弥山，当李陵千金封侯，他无语，他仍坚守那颗对大汉矢志不渝的爱国心。

生3：苏武——一个不被威逼利诱的天地英雄，当卫律举剑恐吓，当张胜屈服投降，他默然，他仍紧握汉节，选择对大汉执着而圣洁的守望。

……

师：在现实生活中，有许多像苏武一样的人，讲出来大家分享。

生1："两弹一星"元勋朱光亚，为了祖国的核事业，为了祖国不再受辱，坚持研究，取得了杰出的成就。

生2：我认为钱学森也是，当祖国刚刚成立，百废待兴之际，他放弃美国优越的条件，毅然回到祖国，是因为他心中有祖国。

……

师：我们可以看出他们都是在祖国最艰苦的地方，为祖国作贡献。苏武也一样，他的精神就是民族的精髓和脊梁。除了这些人物，我们生活中还有许多人，他们也在默默地奉献着，比如在冰天雪地的祖国北疆，守护在国防线上的战士，他们为了祖国的安宁，无怨无悔。还有很多普普通通的人，他们都在为祖国贡献着自己的一份力量。

师：作为当代中学生，我们该怎么做呢？同学们讨论后发言。

生1：我觉得苏武能够在艰苦的环境中坚守自我，是因为他心中有祖国，我们也应该爱祖国。

生2：我们应该像苏武一样在艰苦的环境中不改变自己。

师：我们现在生活在和平安宁的环境中，我们应该考虑的不是吃苦的问题，而是珍惜的问题。

生3：我觉得我们今天的幸福生活来之不易，我们要学会感恩。

师：对，我们要感恩。

生4：我们只有努力学习，才对得起为了今天的幸福生活付出牺牲的先烈们。

生5：老师，我觉得感动中国的人物刘伟，也很值得我们学习，他失去了双臂，依旧乐观地生活。

师（很有感慨）：对呀！没有了生命，一切都是零。所以，我们还要珍惜生命。

……

师：今天，我们的国家处于什么时期？

生：建设和谐幸福新中国时期。

师：我们作为中学生，要心中有理想、有责任，学习才有动力。让我们学习苏武的伟大精神，为建设幸福的中国而努力！

（生鼓掌）

师：下课！

二、提示

（1）该课文选自人教版高中语文选择性必修中册。

（2）《普通高中语文课程标准（2017年版2020修订）》的相关规定：

应关注学生学习方式的转变，做好学生语文学习活动的设计、引导和组织，注重学习的效果。根据学生的发展需求，围绕学习任务群创设能够引导学生广泛、深度参与的学习情境。积极倡导基于学习任务群的专题学习，围绕语言和文化、经典作家作品、科学论著等，组织学生开展合作探究、研讨交流活动，鼓励学生以各种形式相互协作，展示与交流学习成果。

选修课程的教学应突出差异性和层次性，鼓励开展个性探究，充分激发学生的学习兴趣和潜能。教学时要进一步培养学生的语言梳理和建构能力、文学作品的个性化体悟能力、科学思维和问题解决能力、文化理解和批判能力。选择性必修应注重学习"面"的广度，选修应注重学习"点"的深度。

任务：请根据上述提示，撰写一篇评课稿。

【实训六】 作文评课实训

一、内容

《写自己熟悉的人》课堂教学实录①

（一）激趣导入，初解课题

师：同学们，认识这两个字吗？（板书：熟悉）让我们一起大声地读出来。

众生：熟悉。

师：下面我请大家用"熟悉"说一句话，看谁反应最快，只有三次机会，好好把握啊！

生1：我跟小张很熟悉。

生2：我熟悉回家的路。

生3：班上的同学在相处中越来越熟悉。

师：大家说得真棒，接下来老师的要求变了，请你快速说出熟悉的人。

众生：妈妈、爸爸、外公外婆、爷爷、奶奶、兄弟姐妹、老师、同学等。

师：同学们，从大家的回答中我看出来了，你们身边熟悉的人还真不少，今天我们就来学习写一篇作文——"写熟悉的人的一件事"。

（二）指导解题，确定主题

师：生活中每个人都有许多故事，那么我们要写熟悉的人的一件什么事呢？别着急，让我们先看看课文内容都写了什么，请同学们回想一下，《灰雀》写了列宁的一件什么事？

生：写了列宁和小男孩关于一只灰雀丢失又回来的故事。

师：这件事让我们感受到了列宁的什么？

生：对孩子的关心和尊重。

师：老师很欣赏你，你不但会倾听而且会表达，接下来请大家也像他一样明白地表达自己的意思，好吗？《小摄影师》这篇文章写了一件什么事？这件事让我们感受到了高尔基的什么？

---

① 该课堂教学片段实录来自：成都市花园（国际）小学刘欢欢。

生：这篇文章写了小男孩给高尔基拍照的事情。从这件事中我感受到高尔基关心爱护儿童。

师：《奇怪的大石头》写了李四光小时候的一件什么事？你最佩服他什么？

生：李四光小时候研究大石头很执着，我最佩服他善于思考、认真执着的精神。

师：《我不能失信》呢？

生：宋庆龄宁愿不去伯伯家也要等待小朋友到自己家来，我们应该学习她诚实守信。

师：对啊，同学们，你们看，这四篇课文都写了名人的一件事，而且通过一件事表现了他们的可贵品质。（板书：名人事、品质）。同学们，请你们思考一下，这些美好的品质是不是只在名人身上才有呢？

生：不是，在我们普通人的身上就有这些美好的品质，我认识的人有热爱劳动的，也有帮助别人的。

生：我姐姐热爱学习、刻苦钻研。

生：我的好朋友乐于助人，我们都很喜欢她。

师：哦，你们说得太好了，你们都是有心人，在生活中善于观察。的确，美好的品质不仅仅名人具备，在我们身边的人身上同样具备。那么我们熟悉的人身上发生了哪些值得写的事情呢？今天我们就写一写发生在熟悉的人身上的这件事，要求通过这件事情表现出人物身上的一种优秀品质。

（板书：熟悉的人、事、品质）

（三）拓宽思路，指导选材

师：下面我们做个小游戏：请你快速写出最熟悉的四个人。

（生书写四个熟悉的人）

师：想一想，在四个人中你最想写谁，他身上最可贵的品质是什么？

（生进行选择）

师：同学们选好了没有？把你的选择说给大家听听好吗？

生1：我选了爸爸，每次邻居有什么需要帮助的事，我爸爸总是第一个站出来。

师：你说得太棒了，说出了爸爸助人为乐的好品质，但是好像缺乏具体的事件。那其他同学们是怎么想的，有没有具体事件可以体现人物的品质呢？

生2：我姐姐捡到了50元钱交给了警察叔叔，我觉得她拾金不昧。

生3：我带妹妹骑自行车，由于不熟练，我不小心摔倒让妹妹的手脚都被磕破了，但是她没有哭，反而第一时间安慰我，我认为她很坚强。

生4：我姥爷下雨天来接我的时候，看到我的同学没有人接送，就骑车送他回家。

生5：我们班的一个同学，每天放学后帮值日生打扫卫生，不怕脏不怕累。

师：大家真棒，我看大家都有一双发现美的眼睛，都找出了一件有意义的事情，那么怎么才能把你了解到的这件事情写好呢？

（四）结合阅读，指导表达

师：万事开头难，要想写好一件事情，开头很关键。让我们先一起来看看课文的开头是怎么写的？

（出示 PPT）

《灰雀》：有一年冬天，列宁在郊外养病。他每天到公园散步。

《小摄影师》：1928年夏天，高尔基住在列宁格勒。他经常坐在窗子旁边工作。

《奇怪的大石头》：李四光是我国著名的地质学家。小时候，他喜欢和小伙伴一起玩捉迷藏的游戏。

《我不能失信》：一个星期天，宋耀如一家用过早餐，准备到一位朋友家去。二女儿宋庆龄显得特别高兴。

师：大家读一读，看看每篇文章的开头都写了什么呢？

生：都写了时间。

生：还写了地点和故事中的人物。

师：哦，原来写一件事情，要先把事情发生的时间、地点、人物写出来啊！那大家想一想你要写的那件事，发生在什么时间，什么地方，故事中有什么人呢？想好了，你也赶紧把自己的开头写下来吧！

（生写开头）

（师选择几位学生朗读自己的开头）

师：同学们写得真棒，一点就通。但是文章仅仅有一个开头还远远不够，接下来的事情怎么写呢？咱们再看看课文。出示课件《小摄影师》片断：

高尔基拿了张报纸，按小男孩的吩咐坐下。小男孩摆弄了很久很久，说："一切准备停当。"

高尔基侧过脸，对着他微笑。突然，小男孩往地上一坐，哭了起来。

"你怎么了？"高尔基不知出了什么事。

小男孩哭着说："我把胶卷忘在家里了。"

高尔基赶紧站起来，小男孩已经提着照相机跑出去了。高尔基走到窗口，大声喊道：

"孩子，回来！我给你胶卷，我这儿有很多胶卷。"

小男孩哭着，跳上一辆电车。电车马上开走了。

师：我邀请三个同学分角色朗读一下这个片断，其他同学认真倾听。

（生分角色朗读）

师：在他们的朗读中你感受到了什么？

生：感受到了高尔基对小男孩的爱。

师：那么我把文章改一下，大家再来看（出示PPT）：

高尔基拿了张报纸，按小男孩的吩咐坐下。

突然，小男孩往地上一坐，哭了起来。高尔基不知出了什么事。小男孩提着照相机跑出去了。

师：我请高尔基和小男孩坐下，读解说的同学，请你一个人大声读。

（生朗读）

师：同学们，这样一改，你感觉怎样？

生：我觉得不好，这样一改，没有了高尔基和小男孩的对话，就不知道他们说什么了，也感受不到高尔基对小男孩的关心和爱护了。

师：哦，原来高尔基对小男孩的爱是从他们的话语中表现出来的啊！你看人物说什么对表现人物的品质多么重要啊！（板书：说什么）

师：昨天老师发给大家一篇小伙伴写的作文《奶奶擦楼梯》，咱们看看这里面的奶奶说什么了（出示PPT）：

● 奶奶头也不抬地说："我不累，你看这扶手多脏啊。每天上下楼扶着它把手都弄脏了，还是擦干净了好。"

● 奶奶看着我的眼睛，一字一句地："小畅，你以为奶奶擦这楼梯扶手只是为自己方便吗？这你可就错了。孩子，做人啊，哪能啥事都为自己想！人活着假如能为别人做点事，心里才踏实，才高兴啊！"

● 在二楼拐弯处我观看奶奶正在用力地擦楼梯扶手。走近一看，只见奶奶的额头上沁出了许多小汗珠。

……

（师引读：奶奶头也不抬地说……）

生接读："我不累，你看这扶手多脏啊。每天上下楼扶着它把手都弄脏了，还是擦干净了好。"

（师生继续接读第二句）

师：同学们刚刚我们读的都是？

生：奶奶说的话。

师：从奶奶的话语中看出奶奶是个怎样的人呢？

生：为别人着想，乐于奉献。

师：同学们会读文章，也会体会文章了，从奶奶的话语中感受到了奶奶的宝贵品质，那么我们一起读第三句："在二楼拐弯处我观看奶奶正在用力地擦楼梯扶手。走近一看，只见奶奶的额头上沁出了许多小汗珠。"

（生齐读）

师：同学们从刚刚的朗读中你仿佛看到了什么？

生1：看到了老奶奶汗流满面擦楼梯的样子。

生2：感受到了老奶奶不怕辛苦、乐于奉献的精神。

师：同学们，你看要想把一件事情写好，不但要写出人物说了什么，还要？

生：写出人物做了什么。

师：对，我们在写一件事情的时候要想想人物当时说了什么、做了什么，真实地写出来就是一篇好作文。那大家闭上眼睛，把自己要写的事情在大脑中回想一遍，想想我们熟识的人当时说什么了、做什么了。

（生闭目回想）

（五）巧起题目，笔录成文

师：同学们，既然事情想好了，我们也知道该怎么写了，那就用"写熟识的人的一件事"作为这篇作文的题目吧，你们说合适不合适呢？

生：合适。

生：不合适。

师：大家拿不准，那咱们还是看看课文中的题目，出示PPT：《灰雀》《小摄影师》《奇怪的大石头》《我不能失信》

师：这组课文的题目都有什么特点呢？他们怎么不用"写名人的一件事"来做题目呢？

生：我知道了，每篇课文的题目都和这篇课文的内容有关系，用一件事来做题目。

师：你真聪明，把秘诀说出来了！那同学们也给自己的作文取一个题目吧！万事俱备只欠东风了，请大家把自己想好的事情写下来吧！

二、提示

（1）"写熟识的人的一件事"是人教版三年级语文上册第二单元的习作主题。

（2）《义务教育语文课程标准（2022版）》的相关规定：

能用表现事物特征的词语描摹形象，用积累的语言材料，特别是有新鲜感的词句描述想象的事物或画面；乐于书面表达，观察周围世界，能把自己觉得有趣或印象深刻、受到感动的内容写清楚；能根据表达需要，正确使用句号、感叹号、问号、冒号、引号等标点符号。

任务：请根据上述提示，撰写一篇评课稿。

【任务1】请根据《湖心亭看雪》课堂实录片段的内容，设想教学效果并评价本节课中该教师对"痴"字的解读。

《湖心亭看雪》课堂实录片段①

（生读第一段及第二段第一句）

师：作者给我们描绘了一片白茫茫的什么环境啊？

生：是大雪三日，人鸟声俱绝。

师：张岱正是选择了非常寂静的三天大雪后的一个晚上，一个人去看雪的。他一个人撑着小船前往湖心亭看雪。但大家有没有发现矛盾之处呢？船上还有谁啊？为什么要说"独往湖心亭看雪"？

生：有舟子。

师：难道在作者眼里舟子不是人吗？

---

① 该课堂教学实录片段出自《国家教师资格考试标准预测试卷》。

生:"舟子"不是志同道合的人。

师:对啦,让我们来看看背景。(课件显示作者生平)同学们,刚才我们说了没有志同道合的人,从哪些方面看出来的啊?

生齐:入山隐居,忠诚于"明"。

师:对,张岱在明亡后,不愿参加科举,在清人统治的环境里,他内心是孤独的,只能自己追思故国,所以他通过出行观景来排解自己的忧愁。而舟子则没有这样的感受,不能理解作者的这种情趣,所以在张岱眼里,他是"独"往湖心亭看雪。张岱独自置身天地间,享受天人合一的乐趣。

师:那么舟子后来理解作者的情趣了吗?

生:也没有。

师:哪一句话可以表现出来啊?

生:最后一句。

(生齐读)

师:"痴"在平日里是"脑子不清楚"的意思,那在这里,我们可以解释为什么意思呢?

生:痴迷。

师:痴迷什么?

生:喝酒,痴迷于和金陵人喝酒。

师:对,很不错,同学们。舟子很奇怪,怎么会有和作者一样"痴"的人,这里直接写出舟子的不理解。

师:请同学们再翻译第三段。

(生翻译)

师:"见余大喜",换句话说是谁大喜?

生:是金陵客人。

师:让我们来看一下背景材料。金陵人士是哪里的人呢?金陵是明朝的京都,见到旧都之人,张岱一下子就想到了故都,由此引发了他对国家灭亡的哀思。我们是不是又发现课文的第一句话也是错误的?明明是清朝,那为什么写明朝的年号啊?

生:体现张岱的爱国之情。

师:对,前后文照应,请大家再想一想我们前文提到的舟子说作者之"痴",仅仅是痴迷观雪景和喝酒吗?

生:不是,是痴迷故国。

师：张岱痴迷于大晚上喝酒，大晚上欣赏雪景，享受天人合一的山水，痴迷于故国灭亡的哀思。痴人之痴心，痴迷于天人合一的山水之乐，痴迷于饱含深情的故国之思，痴迷于世俗之外的高雅之趣。字里行间流露出深沉的故国之思和沧桑之感。

师总结：全文只一百五十九字，堪称字字珠玑。除了在情绪的传达上朦胧幽深外，在写作手法上也极富艺术感染力。首先，文章围绕西湖大雪赏雪所见亭中所遇这一线索展开，逐层递进又峰回路转；其次，描写景物时作者充分吸取了中国写意山水画的手法，不追求局部的细腻而注重全局的生动与传神，不求多而求简，追求以少胜多、无声胜有声的效果。

【任务2】请你谈谈下面这位老师在《故都的秋》教学过程中所展现出的优点表现在哪些方面，哪些环节还需要改进。

《故都的秋》课堂教学实录片段①

师：纵观五幅秋景图，任选你喜欢的一幅，可以从色彩、视角、动静、细节、炼字等角度进行赏析。这五个词你们都懂吗？什么叫"炼字"？

生："炼字"就是选取某个写得比较生动或深刻的字来对它进行分析。

师：这样的字多数是什么词性？

生：动词。

师："炼"字是什么偏旁？

生：火字旁。

师：视角是什么？

生：作者对待一个事物的看法、观点和角度。

师：你最喜欢五幅中哪一幅？请选择一幅进行鉴赏。

（学生讨论）

生：第三段秋院图中"朝东细数的一丝一丝漏下来的日光"中的"一丝一丝"和"漏"这两个词语很好，日光本来就是没有形态的，作者把它写得像有了一种具体的形态。

师："画人画虎难画骨"，骨是风骨，是风采，是神韵，日光如何表达，借助的正是这样的"炼字"。

---

① 该课堂教学实录片段出自《国家教师资格考试标准预测试卷》。

生：我也选择了这一段，"你也能看到很高很高的碧绿的天色，听得到青天下驯鸽的飞声"，"天色"静态，"飞声"动态。以动衬静，写出了秋季幽静的特点。

师：表达非常完整。

生：我从色彩的角度进行赏析，"碧绿的天""灰色的驯鸽师""牵牛花的蓝朵"，作者认为"蓝色和白色为佳，紫黑色次之"，多选用青、白、蓝、灰等冷色调，与内心主观情感自然融合。

师：真好！非常独到的解读，如此冷色调的画面，是作者对故都的不舍眷恋，这种花叫？

生：牵牛。

师：它还有另一个名字——朝荣。日本作家紫式部写《源氏物语》，其中有一个回目叫"夕颜"，你们猜猜看这两个字怎么写？夕颜，朝荣。

生："夕"是"夕阳"的"夕"，"颜"是"容颜"的"颜"。

师：这就是语感，这就是文化，这就是表达，这就是积淀。能否猜出这朵花的生命有多长？

生：比较短暂。

师：具体多少个小时？

生：十二小时。

师："寄蜉蝣于天地，渺沧海之一粟"，有一种昆虫，朝生暮死，叫作蜉蝣。有一种花，朝生夕死，叫作夕颜，郁达夫静对的正是这样一种花，他读出了怎样的生命感？

生：十分有秋意。

师：这是怎样的使命感？

生：蓬勃。

生：生命的转瞬即逝，生命的悲哀。

师：若要用书上的词是——悲凉。我再追问一下，1934年的郁达夫读出了故都的悲凉。红透上海滩的传奇作家张爱玲，面对孤岛上海、沦陷的香港，面对她自己的生命与爱情，她读出的不是悲凉，而是苍凉。你喜欢的词是什么？

生：苍凉。悲凉主要谈到的是悲而苍凉，强调一种孤独的味道。

师：是的，这样程度更深。还有谁来谈谈自己的想法。

生：秋雨图，我的最爱。"忽而来一阵凉风，便息列索落地下起雨来。一场雨过，云渐渐地卷向了西去，天又晴了，太阳又露出脸来。"就这样一个个"又"字，可以看出故都的雨忽来忽去。在这样的背景下，郁达夫又写了在雨中的都市闲人穿着青布单衣，咬着烟管，站在桥边，然后用缓慢悠闲的声音，微叹着，互答着，可以看出故都闲人的那种闲适的特点。

师：你关注到了一个词"又"，非常细致，它是什么词性？

师（引导）：修饰动词、形容词的是副词。能够关注到副词的孩子，是诗意盎然的孩子。句子的主要成分是主、谓、宾、定、状、补，在表情达意上哪个成分更重要？

生：定、状、补。

师：你抓住了，也感受到了。

参考文献

[1] 教育部. 义务教育语文课程标准（2022年版）[S]. 北京：北京师范大学出版，2022.

[2] 教育部. 普通高中语文课程标准（2017年版 2020年修订）[S]. 北京：人民教育出版社，2021.

[3] 禹旭红. 语文说课原理与策略[M]. 1版. 郑州：郑州大学出版社，2008.

[4] 王深根. 小学语文说课的理论与实践[M]. 宁波：宁波出版社，2000.

[5] 倪文锦. 走进课堂：小学语文新课程案例与评析[M]. 北京：高等教育出版社，2004.

[6] 兰保民. 语文课堂教学评课智慧——于漪评课案例剖析[M]. 上海：上海教育出版社，2012.

[7] 许兴军. 初中语文优秀教师说课经典案例[M]. 长春：吉林大学出版社，2009.

[8] 王光龙. 语文教坛新星获奖说课点评[M]. 北京：语文出版社，2012.

[9] 顾存根，郭裕源，等. 新课程初中语文说课稿精选（修订版）[M]. 宁波：宁波出版社，2007.

[10] 余文森. 有效备课·上课·听课·评课[M]. 2版. 福州：福建教育出版社，2010.

[11] 方贤忠. 如何说课[M]. 1版. 上海：华东师范大学出版，2008.

[12] 丁昌田. 核心素养导向的说课[M]. 天津：天津教育出版社，2018.

[13] 程红兵. 听程红兵老师说课评课[M]. 武汉：长江文艺出版社，2017.

[14] 林高明. 有效评课的策略与方法[M]. 福州：福建教育出版社，2021.

[15] 余映潮. 余映潮语文教学设计技法80讲[M]. 广州：广东人民出版社，2014.

[16] 宁鸿彬. 怎样教语文[M]. 上海：商务印书馆，2020.

[17] 黄乃佳. 语文说课的理论与实践教程[M]. 北京：电子工业出版社，2020.

[18] 王小庆. 评课到底评什么[M]. 武汉：长江文艺出版社，2022.

[19] 于素梅. 评课的门道[M]. 北京：教育科学出版社，2019.

[20] 于漪. 教育的姿态 [M]. 太原：山西教育出版社，2019.

[21] 王荣生. 听王荣生教授评课 [M]. 北京：中国轻工业出版社，2022.

[22] 刘大春，张天虎，等. 教师如何说好课 [M]. 天津：天津教育出版社，2009.

[23] 曹爱卫. 小学语文说课指导 [M]. 南昌：江西教育出版社，2022.

[24] 苏鸿. 高效课堂：备课、上课、说课、听课、评课 [M]. 上海：华东师范大学出版社，2013.

[25] 窦桂梅. 听窦桂梅老师评课 [M]. 上海：华东师范大学出版社，2011.

[27] 王崧舟. 听王崧舟老师评课 [M]. 上海：华东师范大学出版社，2021.